Herstellung und Verlag:
Books on Demand GmbH, Norderstedt
ISBN 9783837003246

Besonderen Dank an:

Prof. Dr. Ing. E.h. Hans Olaf Henkel für das Geleitwort
und die Denkanstösse

Constanze Lohff für die moralische Unterstützung und
sprachliche Verfeinerung

Christiane Niklowitz für fundierte handwerkliche Unterstützung

Thomas Böhme für die Hilfe bei der Blocksetzung

Autorengeleit

In vielen deutschen und internationalen Unternehmen gibt es einzelne Mitarbeiter oder ganze Abteilungen, die als "Business Development-" oder "Geschäftsfeldentwicklungs-" Beauftragte zuständig für die Generierung von Neugeschäft oder den Ausbau und die Weiterentwicklung von Geschäftsbereichen sind. Diese Aufgabe erfordert umfassendes Wissen um die Gesetze des Marktes, des Marketing, des Vertriebs sowie ausgeprägtes Verständnis für den Unternehmenszweck, die Produkte, die Produktionsprozesse und nicht zuletzt ein Gespür für Trends und Strömungen. Ein Geschäftsfeldentwickler muss eigene Zielvorstellungen entwickeln und das Unternehmen in die Richtung dieser Ziele entwickeln. Dies erfordert eine zielgerichtete Steuerung und Orchestrierung aller Unternehmensbereiche sowie der in der Organisation arbeitenden Mitarbeiter. Hierzu ist tief greifendes Wissen um bestehende Wechselwirkungen/ Mechanismen im Unternehmen und am Markt unabdingbar.

Ohne Regeln, Checklisten und Methoden verliert man schnell den Überblick und anschließend die Kontrolle. Auch eine zu "vielseitige" Herangehensweise an das Thema Geschäftsfeldentwicklung kann zum "Verzetteln" führen. In diesen Fällen können ohne eindeutige Zielfestlegungen und Prioritätenfindungen naturgemäß auch keine geeigneten Maßnahmen ergriffen werden. Geschäftsfeldentwickler tun daher gut daran, ihr Vorgehen gewissenhaft zu strukturieren. Die Anwendung von Methoden zwingt Geschäftsfeldentwickler, Ansätze analytisch zu betrachten und ihr Vorgehen zu dokumentieren. Dies wiederum macht die Arbeit und die Entscheidungen der Geschäftsfeldentwickler für Außenstehende wie auch Vorgesetzte transparent und nachvollziehbar.

Da es im deutschsprachigen Raum noch keine ausführliche Aufbereitung und Auseinandersetzung mit dem Thema Geschäftsfeldentwicklung gibt, soll dieses Buch als "Plattform", als Denkanstoss für eine weitergehende Auseinandersetzung mit dem Thema Neugeschäftsmethoden dienen. Die Austauschplattform www.geschaeftsfeldentwicklung.de erlaubt überdies Interessierten, eigene Erfahrungen miteinander auszutauschen und das Methoden-Know-how zum Neugeschäft zu erweitern und zu verfeinern.

Volker Wehmeier, August 2007

Vorwort	5
Das Szenario	7
Der Start ins Neugeschäft	15
Die Treiber des Neugeschäfts	19
Preisdruck	19
Internationalisierung	21
Das Unternehmensprofil	23
Die Phasen der GFE	26
Einsatz klassischer Instrumente in der GFE	29
Portfolio- Orientierung	30
Die Betrachtung des Produktlebenszyklus	35
Ausprägungen der GFE	37
Spezialisierung	37
Innovation	38
Produkterweiterung	41
Transfers	42
Nischen/ Marktlücken	43
Komplementäre Angebote	45
Neue Zielgruppen	46
Ausräumen von Zugangsschwellen	47
Auslandsorientierung	49
Internet Nutzung	55
Wettbewerbsvorteile ausbauen	59
Die GFE- Matrix	61
Die Mehrwertargumentation	64
Intern	64
Extern	65
Grundsatzfragen	67
Die Potenziale eines Unternehmens	67
Passt das Unternehmensbild	71
Machbarkeit	72
Aufwandsabschätzung	73
Die Investition	73
Die Rolle der Marktanalyse	75
Die "Alles- Klar- Matrix"	84
Organisation und GFE	86
Die Ziele der GFE	91
Kennzahlen oder Key Performance Indicator (KPIs)	95
Strukturierung der GFE- Ziele durch Mindmaps	97

- Die Beteiligten 98
  - Der GFE- Verantwortliche 98
  - Das Management 99
  - Das Marketing 101
  - Der Bereich Forschung und Entwicklung 101
  - Die Abgrenzung von Zuständigkeiten 102
  - Der GFE- Rat 104
  - Verbände und Organisationen 106
- Die Ideenfindung 107
  - Ideen generieren und konservieren 109
  - Betriebliches Vorschlagswesen 110
  - Trendscouting 115
  - Austauschplattform 121
- Ein Vorschlag zur Methodologie 122
  - Die SWOT- Analyse 126
  - Die 5- Ws und was dann kommt 131
  - Methode 635 133
  - Die Osborne- Checkliste 137
  - Die Morphologische Matrix 144
  - Priorisierung und Entscheidung für die richtige Alternative 148
  - Die Go/ No- Go Tabelle 150
  - Nutzwertanalyse (NWA) 152
  - Risikomanagement 155
- Kanäle in der GFE 158
  - Das Partnering 158
  - Strategische Allianzen 161
  - Operative Allianzen 162
- Partnereffekte 165
  - Der Komplementär-Effekt 165
  - Der Gummibandeffekt 166
  - Der Steigbügeleffekt 166
  - Der Hängematteneffekt 167
  - Ziele im Partnerumfeld, Next- Steps 169
- Die Rolle des Marketing in der GFE 170
- Virales Marketing 172
- Das Guerilla- Marketing 175
- Der Marketing- Mix 178
- Der Business Plan 182
- Die methodische Rückschau 196
- Das GFE- Spiel 197
- Das GFE- Forum 202
- Schlusswort 203

Vorwort

Neugeschäft heißt Existenzsicherung

Unternehmen sind heute weltweit einem enormen Wettbewerb ausgesetzt. Wer unter diesen Vorzeichen keine griffige Strategie für den Erhalt seines Unternehmens entwickelt, kann in den schnellen, globalen Märkten nicht bestehen. Immenser Druck lastet auf den Entscheidungsträgern, und wo Druck herrscht, werden schnell Fehler begangen. Wer sich zum Beispiel lediglich darauf konzentriert, seine Claims zu verteidigen und Marktanteile zu sichern, der setzt sich unweigerlich dem brutalen Preiswettbewerb aus und wird vom Akteur zum Reakteur.

Die vorrangigste unternehmerische Aufgabe ist Wachstum. Ist dieses durch Verdrängungswettbewerb und die Erhöhung von Produktionszahlen nicht mehr möglich, muss der strategische Akzent auf das Neugeschäft gesetzt werden. Neugeschäft bringt Wachstum und macht Unternehmen zukunftsfähig.
Wachstum ermöglicht neue Investitionen, stärkt die Unternehmensposition und bildet die Grundlage für einen Wettbewerbsvorsprung.

Die Schlüsselrolle auf dem Weg dahin spielen Innovationen und die Entwicklung neuer Geschäftsfelder. Diese sollten daran ausgerichtet sein, den Kunden Mehrwert zu liefern und dem eigenen Unternehmen wirtschaftliche Chancen zu eröffnen sowie eine bessere Positionierung im Wettbewerb zu verschaffen. Neue Geschäftsfelder im Unternehmen zu entwickeln, heißt, auf bewährte Kompetenzen aufzubauen, diese aber gezielt und innovativ in neue Unternehmenserfolge zu überführen.

Das klingt so klar und einfach. Tatsächlich ist die Entwicklung neuer Geschäftsfelder eine komplexe, aber nicht komplizierte Aufgabe: Sie braucht einen stabilen Ausgangspunkt im Unternehmen, kreative Ideen, cleveres Marketing und eine kompetente planerisch- methodische Umsetzung. Bei vielen Firmen wird es lohnend sein, Aspekte wie Innovation, Auslandsorientierung oder die Akzentuierung von Dienstleistungen einzubeziehen.

Zudem gewinnen eine gewissenhafte Planung, die Anwendung geeigneter Methoden, eine detaillierte Umfeldanalyse sowie die Abwägung von Chancen und Risiken auf dem Weg zum neuen Geschäftsfeld an Bedeutung. Auf jeden Fall ist innerhalb des Unternehmens immer bereichsübergreifend zu arbeiten, um aus einer Idee schließlich Neugeschäft zu generieren.

Das vorliegende Buch liefert Unternehmen Anregungen und Ideen für die methodische Erschließung von Neugeschäften. Es bietet dem Leser eine differenzierte Sicht der Möglichkeiten und einsetzbaren Instrumente und kann darüber hinaus als Leitfaden auf dem Weg zum Neugeschäft dienen.

Viel Spaß bei der Lektüre wünscht Ihnen

Prof. Dr. Ing. E.h. Hans-Olaf Henkel

Das Szenario

Die Holzleistenfabrik von Alfons Meier aus Augsburg, gegründet anno 1682, hat mit 46 Mitarbeitern bis in die 70er Jahre des vorangegangenen Jahrhunderts Holzapplikationen für Schränke und Küchen hergestellt. Das Material, die Arbeitsschritte, die Distributionskanäle, die Endkunden sowie auch das Ergebnis der Arbeit haben sich dabei über 300 Jahre kaum geändert. Zu den wechselnden Rahmenbedingungen zählten einzig die Komponenten des erhöhten Technikeinsatzes, modernere Arbeitsmethoden und sicher auch etwas mehr Mitbewerb konkurrierender Fabriken. Die 80er Jahre des 20sten Jahrhunderts hat das Unternehmen nicht überlebt.

Ein Unternehmen der Neuzeit gefährdet seine Zukunftsfähigkeit, wenn es nur eine Produktlinie oder eine Dienstleistung anbietet. Transparentere Märkte, globaler Konkurrenzkampf, dynamische Wechselkurse und sich rasant schnell verändernde Technologien verlangen heutigen Unternehmen ein jederzeit wachsames Auge auf Marktentwicklungen und unternehmenskritische Nachfrageveränderungen ab. Besonders Unternehmen, die einen Massenmarkt bedienen, wenig Abgrenzungsspielraum zu Mitbewerbern haben und zudem am Ende Ihrer Wertschöpfungskette "ersetzbare" Produkte oder Leistungen produzieren, sind heute einem besonders hohen Überlebensdruck ausgesetzt. Das gilt gleichermaßen für zu spezialisierte und deshalb wenig variable Anbieter – und zwar unabhängig von Größe, Alter oder aktuellem Geschäftsergebnis eines Unternehmens.

Schon ein geschickter Marketingschachzug eines Wettbewerbers, ein Markenskandal des eigenen oder auch der aggressive Markteintritt eines ausländischen Unternehmens reichen, um Anbieter dieser Tage in ernst zu nehmende Absatzschwierigkeiten zu bringen.

Daher gilt:

> "Unternehmen tun gut daran, ihr Geschäft
> auf eine breite Basis zu stellen!"

Dieser in der Mikroökonomie immer schon recht gut gemeinte Rat der Diversifizierung ist eigentlich leicht umzusetzen. Eine hohe Schwierigkeit liegt jedoch darin, eine erfolgreiche, zugleich innovative und zukunftsfähige Erweiterung des Produkt- und Dienstleistungsportfolios eines Unternehmens zu erreichen. Und nur dieser zukunftsfähige Ansatz ist erstrebenswert.

> Wer stehen bleibt, steht im Weg.
> Irina Schade

> Die moderne Firma muss eine lernende und nicht eine wissende Organisation sein.
> Fortune Magazine

> Es genügt nicht, eine Idee zu haben, man muss auch erkennen, ob sie gut ist.
> Linus Pauling

Ein Beispiel:

Ein Unternehmen führt seit Jahrzehnten Eier und Alkohol zu einem sehr bekömmlichen und geschätzten Eierlikör zusammen. Veränderung scheint geboten, da im eigenen Marktsegment zunehmend die Konkurrenz erwächst. Nun könnte dieses Unternehmen unter Umständen auch Marktanteile im Markt für Kräuterliköre erkämpfen. Dies wäre zweifelsohne ein Fall von Produktdiversifizierung. Allerdings ist hieraus kaum ein wirtschaftlicher Erfolg zu erwarten, denn der Markt für Kräuterliköre ist bereits geprägt von einer hohen Markenpräsenz. Discounter liefern sich untereinander und mit namhaften Supermarktketten Preiskämpfe und Plagiate finden sich zahlreich auf dem hiesigen Markt. Der Eierlikörlieferant müsste sich einen Markteintritt mit einer groß angelegten, offensiven Marketingkampagne und erheblichem finanziellen Aufwand erkaufen, um dann anschließend einen Massenmarkt unter hohem Wettbewerbsdruck bedienen zu können.

Hätte der gleiche Unternehmer nun aber sein bisheriges Portfolio rund um den Eierlikör- Klassiker durch einen Likör namens "Jägersglück – Likör aus frischen Wachteleiern" ergänzt, sähe das Ergebnis vielleicht anders aus.

Der Anbieter würde markentreu auf seine langjährige Erfahrung setzen, er spräche Neu- und Bestandskunden an und er hätte ein einzigartiges Produkt: Zudem hätte er einen innovativen Ansatz gewählt. Das Unternehmen hätte keine Kosten im Bereich der Produktentwicklung - der Anbieter würde mit dieser Idee zum MONOPOLISTEN.

> Unternehmensstrategie ist wie Gärtnerei: Man muss wachsen lassen und schneiden.
> Hermann Simon

Bleibt die Frage, ob der letztgenannte Ansatz auch erfolgreich wäre.

Hierzu ergeben sich viele zu klärende Fragen:

- Wie groß ist der potenzielle Markt?
- Gibt es vielleicht doch versteckten Mitbewerb?
- Ist das Produkt glaubwürdig und nützlich?
- Beschämt es den guten Markennamen?
- Was ist der erzielbare Marktpreis?

Und zum Schluss:

Gibt es für solch ein Vorhaben ausreichend Ressourcen (Wachtelhennen) in unserem Land?

Am Ende ist die entscheidende Frage:
Ist diese Idee eine wirtschaftlich erfolgreiche, innovative und zukunftsfähige Diversifizierung?

Die Momente, in denen erfolgreiche Unternehmerpatriarchen abends auf dem Sofa neue und erfolgreiche Visionen und Innovationen erdachten und erdenken, sind selten geworden. Große Unternehmen treiben heute Innovationen überwiegend durch die Forschungs- und Entwicklungsabteilungen, oft auch durch die marketingnahen Abteilungen voran. Der Mittelstand und kleinere Unternehmen sind jedoch nicht immer mit diesen Abteilungen ausgestattet. So gilt es, das Neugeschäft mit "Bordmitteln" zu betreiben. Ein solches "Bordmittel" ist beispielsweise die Etablierung einer verantwortlichen Person im Unternehmen, mit der Aufgabe, neue Geschäftsfelder zu erschließen.

Der Begriff des "Business Development" trat erstmals in den 90er Jahren des vergangenen Jahrhunderts vermehrt in deutschen Unternehmen auf und wurde auch entsprechend gewürdigt. Die angloamerikanische Literatur hat unter den Titeln "Business Development" auch zahlreiche Veröffentlichungen vorzuweisen.

> Visionen ohne Aktionen sind Halluzinationen.
> Gerhard R. Wolf

> Die größte Gefahr des Lebens ist, dass man zu vorsichtig wird.
> Alfred Adler

Diese zeigen durchaus nachvollziehbare Ansätze auf, wie sich große Unternehmen auf Entscheider- und Topmanagement- Ebene der Herausforderung "Innovation" hinsichtlich Ihrer Geschäftsmodelle und Produkte[1] stellen können. In Deutschland und den hiesigen Unternehmen ist die Aufgabe des „Business Development" hingegen eher in den mittleren Managementstrukturen angesiedelt. Die Aufgaben der "Business Developer" sind zumeist sehr unbestimmt und vage und die Wirkungsgebiete oftmals eher im Bereich "Unternehmens- Lobbyismus" ansässig.

> Ihre Kunden werden Sie früher oder später auf Kurs bringen. Entweder früher, dann auf Erfolgskurs, oder später, dann auf Konkurs.
> Michael Laker

---

[1] Wenn in diesem Buch von „Produkt" gesprochen wird, so kann man in den meisten Fällen das Behandelte auch gleichermaßen auf „Dienstleistung" übertragen.

„Business Development" bezeichnet die anfänglich unkonkret scheinende Idee, ein Unternehmen (unabhängig von Branche, Größe, Erfolg) in seinem Wirkungskreis zu erweitern, erfolgreicher und innovativer zu machen. Erwartbar sind in diesem Verständnis sowohl zusätzliche Umsätze, Zukunftsfähigkeit, wie auch die Schaffung eines weiteren wirtschaftlich tragenden Standbeines für das Unternehmen.

Die Rolle eines „Business Development- Verantwortlichen" ist jedoch damit schon per Definition eine Herausforderung:

> "In einer bestimmten Branche ist eine neue Idee innerhalb eines gewachsenen Unternehmensselbstverständnisses, zum wirtschaftlichen Erfolg zu führen. Dies mit allen Herausforderungen der Produktentwicklung, des Vertriebs, des Marketings, - überwiegend mit bestehenden Ressourcen."
>
> Volker Wehmeier, 2007

Die Aufgaben und Potenziale der „Geschäftsfeldentwicklung"[2] oder des „Business Development" (in diesem Buch wird fortan der deutsche Begriff bevorzugt) wurden jüngst von heimischen Schulungsanbietern wie folgt beschrieben und publiziert:

Erschließen Sie neue Märkte und bauen Sie neue Geschäftsfelder auf!

Sich verändernde Märkte und Kundenbedürfnisse zwingen Unternehmen dazu, immer neue Geschäftsideen und -strategien zu entwickeln sowie neue Kontakte zu potenziellen Kooperationspartnern aufzubauen.

Konsequent müssen relevante Märkte hierbei beobachtet und Trends aufgespürt werden. Die Erschließung neuer Geschäftsfelder, die Etablierung neuer Produkte sowie die Gewinnung neuer strategischer Partnerschaften sind für Organisationen somit essentiell und überlebenswichtig. Dabei sollten die neuen Schlüsselmärkte und Produkte konsequent an den Bedürfnissen der Kunden ausgerichtet sein.
Investieren Sie in die Zukunft Ihres Unternehmens!

Unternehmen müssen Ihre potenziellen Schlüsselmärkte kennen und Aktivitäten der Wettbewerber richtig einschätzen, um nicht ihre Existenz zu gefährden. Sie müssen dafür Sorge tragen, dass die eigenen Business Development Leistungen stets über dem Marktdurchschnitt liegen. Erfolgspotenziale müssen frühzeitig erkannt und systematisch umgesetzt werden, damit der Unternehmenserfolg langfristig gesichert ist.

---

[2] Von nun an wird in diesem Buch das englische Wort "Business Development" durch die Eindeutschung "Geschäftsfeldentwicklung (GFE)" ersetzt!

Sichern Sie Ihre Marktanteile! *Für erfolgreiche Unternehmen ist es deshalb unabdingbar, ein professionelles Business Development zu implementieren. Sie müssen die Entwicklung und die operative Vorbereitung neuer Geschäftsfelder zur profitablen Umsatzsteigerung aktiv fördern: Denn die Qualität Ihres unternehmensinternen Business Development entscheidet über den zukünftigen Erfolg Ihres Unternehmens.*

Investieren Sie in neue Märkte!
Ihr Business Development- Leitfaden von A bis Z: Profitieren Sie von dem Fachwissen unserer Experten und erarbeiten Sie sich Profi-Tools und Techniken für den Eintritt in neue Geschäftsfelder! Im Vordergrund steht die Vermittlung des Methodengerüstes zur Geschäftsentwicklung, um dieses nachfolgend konsequent anwenden zu können.

Es werden Ihnen konkrete Organisationsformen, Instrumentarien, Entscheidungshilfen und Umsetzungslösungen vorgestellt, die Sie direkt in Ihre Praxis umsetzen können[3].

Diese Art von Angebot ist in Deutschland neu und bringt die Notwendigkeit auf den Punkt, dieser wichtigen Aufgabe mehr Bedeutung zukommen zu lassen.

---

[3] Quelle: Management Circle, Schulungsangebot im Aug-2006

Die Rolle der Methoden

Geschäftsfeldentwicklung zu betreiben ist eine Investition des Unternehmens in seine eigene Zukunft. Investitionen sollten sich per Definition in folgenden Jahren für das Unternehmen auszahlen. So können auch Geschäftsfeldentwicklung und die daraus resultierenden Maßnahmen durchaus zu sinnvollen aber auch zu Fehlinvestitionen führen.

Erfolglose Geschäftsfeldentwicklungsansätze sollten aber nicht nur als Fehlinvestitionen gelten. Auch die Zukunfts- und Wettbewerbsfähigkeit eines Unternehmens wird gefährdet. Zudem könnten Misserfolge in der Geschäftsfeldentwicklung zu dem Trugschluss führen, dass in eben dieses Neugeschäft nicht mehr investiert werden sollte. Daher sollte Business Development von Anfang an als zwingende Erfolgsgeschichte gedacht und geplant werden.

Dies wiederum spricht für die Nutzung von bewährten Methoden, für konsequente Erfolgskontrolle, für die starke Einbindung des Managements und für die Vorabdefinition eindeutiger Ziele!

> Wenn man erst will, dann kann man auch.
> — Novalis

Der Start ins Neugeschäft

Ein Neugeschäfts- Verantwortlicher in einem Unternehmen stellt sich viele Fragen:

- Was bringt mir die Suche nach Neugeschäft?
- Welche Art von Neugeschäft ist für unser Unternehmen Erfolg versprechend?
- Gibt es für diese Neugeschäfts- Ansätze einen Markt und genügend Abnehmer?
- Wie sieht der Mitbewerb aus?
- Habe ich die richtigen Kompetenzen im Unternehmen?
- und viele andere Fragen...

> Es ist viel später, als du denkst.
> aus China

Ohne eine gewissenhafte und detaillierte Planung ist die Geschäftsfeldentwicklung kaum möglich. Zu dicht ist die "Neugeschäfts- Suppe".

Abb.: Was die GFE bedenken muss!

Ausgangspunkt eines jeden Ansatzes zur Geschäftsfeldentwicklung ist eine bestimmte Situation eines Unternehmens, die Maßnahmen zur Geschäftsfeldentwicklung sinnvoll und geboten erscheinen lässt.

Das gezielte Angehen solcher GFE- Maßnahmen wird oft durch spezielle Impulse veranlasst.

<u>Beispiele sind hierfür:</u>

- Umsatzrückgänge im Stammgeschäft
- Aggressiv auftretender Mitbewerb
- Kundenabwanderung zu Mitbewerbern oder komplementären Produkten
- Ausklang des Lebenszyklus bisher erfolgreicher Produkte
- Technologiezwänge und Technologiewandel
- Veränderungen im Unternehmen (Strategiewechsel, Fusionen etc.)
- Neue Management- Vorgaben

sowie diverse andere denkbare Änderungen der Unternehmenssituation.

Zu den Zielen einer erfolgreichen Geschäftsfeldentwicklung zählt vorrangig die:

- Stabilisierung des bestehenden Umsatzstroms
- Stärkung der Unternehmensposition am Markt
- Bewahrung und Ausbau des Kundenpotenzials
- Einphasen zukunftsfähiger Technologien in das Unternehmen
- Verfolgung und erfolgreiche Umsetzung neuer Unternehmensziele
- Umsetzung der Managementvisionen und - Planungen

Unter dieser Zielstellung sehen die für ein Gelingen der GFE erfolgskritischen Faktoren wie folgt aus:

- Wie ist die organisatorische und wirtschaftliche Ausgangslage des Unternehmens?
- Welche Leistungsfähigkeit hat das Unternehmen derzeit?
- Welches Selbstverständnis und welche Selbstwahrnehmung des Unternehmens gibt es?
- Wie aggressiv verhält sich der Mitbewerb im betreffenden Geschäftsfeld?
- Wie ausgeprägt ist der Innovationscharakter der GFE- Ansätze?
- Wie verhält es sich mit der Investitionsbereitschaft des Unternehmens?

Die erfolgreiche Geschäftsfeldentwicklung bestimmt Ihre Ziele jeweils ausgehend von der Ausgangslage und den Entwicklungswünschen des Unternehmens. Dabei müssen insbesondere Erfolgsfaktoren und Umfeldvariablen berücksichtigt werden. Die Ziele der GFE sind daher stringent methodisch und planerisch zu verfolgen.

Jedes Unternehmen ist einzigartig oder besitzt zumindest einzigartige Merkmale und Rahmenbedingungen. Aus diesem Grund muss auch das GFE- Vorgehensmodell jedes Unternehmens individuell bestimmt werden. Die nachfolgenden Kapitel können demnach nicht als unfehlbare Schablone für GFE gedacht sein und erheben diesen Anspruch auch nicht. Vielmehr geht es dem Autor darum, dem Leser Ideen zu vermitteln, methodische Ansätze anzuregen und dem interessierten erfahrenen Neu- Geschäftler zusätzliche Sichtweisen zu vermitteln.
Die Ausführungen sollen einen Beitrag dazu leisten, die Idee und Methodik der Geschäftsfeldentwicklung zu systematisieren, so nachvollziehbar zu transportieren sowie Anregungen für eine eigene Umsetzung zu geben.

Die Treiber des Neugeschäfts

Preisdruck

Preisdruck entsteht dann, wenn in einem Marktsegment das Angebot mehrerer Hersteller die Nachfrage übersteigt. D.h., der Preis der Ware wird zum kaufentscheidenden Faktor (im Gegensatz zu Märkten, in denen das Warenangebot zu knapp ist: dort wird die Verfügbarkeit der Ware zum Hauptkriterium).

Versucht ein Unternehmen heutzutage, seinen Marktanteil mit bestehenden Produkten zu erhöhen, bedeutet dies zwangsläufig, Wettbewerber zu verdrängen und sich dem Preisdruck zu ergeben. Dieser mündet seinerseits unumgänglich im Kostendruck, welcher wiederum Unternehmen in einen andauernden Überlebenskampf führt. In einem solchen Fall kann Innovation allenfalls kurzfristig zum Auffinden von Kosteneinsparungen führen. Innovation im Sinne der Geschäftsfeldentwicklung aber soll, antonym zum Ausbau der Marktführerschaft eines Unternehmens oder der gezielten Befriedigung, einer Nischen- Nachfrage dienen.

> Der Widerstand gegen Veränderung wächst mit dem Wohlstand.
> Hermann Simon

> Es gibt viel mehr Leute, die freiwillig aufgeben, als solche, die echt scheitern.
> Henry Ford

> Gut ist der Vorsatz, aber die Erfüllung schwer.
> Johann Wolfgang von Goethe

> Zur Wahrscheinlichkeit gehört auch, dass das Unwahrscheinliche eintritt.
> Aristoteles

„Geschäftsfeldentwicklung" im Sinne von methodischer Suche nach neuen Themen, experimenteller Positionierung von Produkten wie auch dem Erforschen neuer Märkte erfordert finanziellen Rückhalt, denn Rückschläge und Durststrecken sind nichts Ungewöhnliches im Neugeschäft. Es gilt daher in erster Linie, Geschäftsfeldentwicklung unter Preisdruck zu vermeiden. In bestimmten Fällen (z.B. bei der Erschließung eines umkämpften Auslandsmarktes mit dem Versuch, Marktanteile zu erobern) kann dem Preisdruck unter Umständen eine gewisse Zeit mit Querfinanzierung und Mischkalkulation begegnet werden.

Ein Markt jedoch, der auch langfristig mit extrem geringen Margen bedient werden muss, kann keinesfalls ein optimales Betätigungsfeld für Geschäftsfeldentwicklung darstellen.

> Ich kann freilich nicht sagen, ob es besser werden wird, wenn es anders wird; aber so viel kann ich sagen, es muss anders werden, wenn es gut werden soll.
> Georg Christoph Lichtenberg

> Nirgendwo wird so viel Geld verschenkt wie mit falschen Preisen.
> Hermann Simon

> Nichts verleitet so leicht zum Aufgeben wie der Erfolg.
> Aldous Huxley

Grundsätzlich gilt: Geschäftsfeldentwicklung muss in den „fetten Jahren" eines Unternehmens betrieben werden, um eventuell entstehenden Zuschussbedarf jederzeit abfedern zu können. Ein derartiges antizyklisches Verhalten bewahrt ein Unternehmen auch davor, je mit seinem Portfolio in einer Sackgasse zu landen.

Daher muss als Faustregel gelten, dass es sich kein Unternehmen leisten kann und darf, auf strategische und gelenkte GFE zu verzichten, nur weil es ihm derzeit gut geht. Die Aufgabe der GFE ist vielmehr daraufhin ausgelegt, genau diese gute Position des Unternehmens zu bewahren. In einer Erfolgs-Talsohle mit GFE zu beginnen ist daher in den seltensten Fällen von Erfolg gekrönt. Der Erfolg der GFE- Aufgabe ist in der Regel mit einer hohen zeitlichen Remanenz und langfristiger Zielstellung verbunden, daher sollte gerade in guten Zeiten eine wahrnehmbare Investition in die GFE erfolgen.

Internationalisierung

Die Realisierung des EU- Binnenmarktes und die fortschreitende Integration der Weltmärkte haben die Wirtschaftsbedingungen nachhaltig verändert. Große Unternehmen und Konzerne reagieren auf diese Veränderung mit einer Internationalisierung ihrer unternehmerischen Aktivitäten. Für kleine und mittlere Unternehmen, die über weniger finanzielle und personelle Kapazitäten verfügen, ist es oftmals schwierig, sich ein Standbein im Ausland zu schaffen. Dennoch gewinnt auch für sie die Orientierung über nationale Grenzen hinweg immer mehr an Bedeutung. Für die Unternehmen des industriellen Mittelstandes, die sich stärker noch als Mittelständler des Handwerks oder des Handels im weltweiten Wettbewerb befinden, ist die Internationalisierung zur Erhaltung und Steigerung der Wettbewerbsfähigkeit in zunehmendem Maße unverzichtbar. Daher ist gerade der industrielle Mittelstand auf wettbewerbsfähige Rahmenbedingungen im Inland und auf Hilfen bei der Markterschließung im Ausland angewiesen.

Die Erfahrungen der letzten Jahrzehnte haben nachdrücklich gezeigt, dass weltweite Konkurrenzprodukte sehr wohl geeignet sind, die einheimische Produktion zu bedrängen und Markanteile zu erlangen. Dazu kommen die durch internationalen Wettbewerb immer kürzer werdenden Technologiezyklen. Wiewohl expandierende Internationalisierung und Globalisierung der Märkte eine Bedrohung für einheimische Unternehmen sein können, tritt hier aber gleichermaßen eine außerordentliche Zukunftschance zu Tage: Denn Handelsgeschäfte deutscher Unternehmen können durch Auslandsprodukte bereichert werden.

Einheimische Anbieter sind aber eher angehalten, Ihren Fokus auf Innovation und Neugeschäft zu verlegen anstatt sich im Verdrängungswettbewerb zu kannibalisieren. In diesen neu zu schaffenden Segmenten unternehmerischer Betätigung ist die internationale Bedrohung gering. Dies gilt so lange, wie durch stetige Innovation eine Nasenlänge Vorsprung bewahrt werden kann.

> Es ist der Globalisierung egal, ob die Leute sie mögen oder nicht.
> Hermann Simon

> Die Deutschen kommen immer zu spät. Sie sind spät wie die Musik, die immer von allen Künsten die letzte ist, einen Weltzustand auszudrücken- wenn dieser Weltzustand schon im Vergehen begriffen ist.
> Thomas Mann

> Mächtiger als jede Nation ist das internationale Kapital. Es ist nämlich die Welt.
> Hermann Simon

Das Unternehmensprofil

Die langjährige wirtschaftliche Betätigung eines Unternehmens und der Unternehmenszweck (corporate mission, business mission) bestimmen die Eigen- und Fremdwahrnehmung eines Unternehmens maßgeblich. Das Unternehmensprofil und das Selbstverständnis eines Unternehmens haben wiederum Einfluss auf die GFE: Die fremde und die eigene Erwartungshaltung zwingen zu Veränderungen und zur Weiterentwicklung des Geschäftsmodells.

Diese sog. „corporate mission" beschreibt den Unternehmenszweck. Sie legt somit fest, in welchem Geschäftsbereich das Unternehmen tätig ist.

Eine gute Corporate Mission hat drei Merkmale:

- sie nennt eine begrenzte konkrete Anzahl von Zielen
- sie hebt die Strategien und Werte des Unternehmens hervor
- sie definiert den Wettbewerbsrahmen, in dem sich das Unternehmen bewegt[4]

Über die Zeit entwickelt sich in einem Unternehmen also ein Selbstverständnis, ein Wertegefüge und eine Vorstellung dahingehend, wie man sich die Wahrnehmung des Unternehmens seitens Dritter wünscht.

> Der Marktführer muss lernen, die Innovation zur Routine zu machen.
> — Philip Kotler

> Der Wechsel allein ist das Beständige.
> — Arthur Schopenhauer

> Ihr lauscht des Tages lauter Stimme und überhört den Ruf der Zeit.
> — Ludwig Fulda

---

[4] nach http://www.univie.ac.at im Mai 2007

In dem Moment, wo neue Geschäftsfelder erschlossen werden, sollte neben einer allgemeinen Strategiekonvergenz auch beachtet werden, dass GFE durchaus einen Beitrag dazu leisten kann, das Unternehmensbild zu verändern. Ob die neu eingeschlagene Richtung dann noch dem Unternehmensbild entspricht, sollte ständiger Beobachtung obliegen.

Grundsätzlich jedoch ist es aber die Erwartung eines Kunden an jeden erfolgreichen Anbieter, dass dieser innerhalb und außerhalb seines Unternehmens innovativ agiert. Im besten Falle gilt ein Unternehmen natürlich als Innovator und Trendsetter innerhalb einer Branche. Dieses positive Image bringt Kaufinteresse hervor und kann im Falle des Mitbewerbs konkurrierender Unternehmen, das Zünglein an der Waage für das eigene Unternehmen sein. Innovation und GFE sollten daher über clevere Vermarktungsstrategien hinausgehen. Echte Innovation im Sinne von nie da gewesenem Kundennutzen, verbunden mit einer Authentizität dem eigenen Unternehmensprofil gegenüber, sichert den langfristigen Erhalt des Firmenerfolges.

Gleichwohl kann erfolgreiche GFE aber auch bedeuten, einen Produktklassiker in anderen Märkten zu etablieren oder weitere Zielgruppen anzusprechen. Dabei gilt: Je mehr ein Unternehmen sich und seine Produkte als „Marke" am Markt etabliert hat, desto höher sind die Anforderungen an sein erfolgreiches Innovationspotenzial und eine strategisch gezielte GFE.

> Kontinuität des Unternehmenserfolges erfordert Veränderungsmanagement.
> Hermann Simon

> Mache Heu, solange die Sonne scheint.
> Sprichwort aus Simbabwe

Die Phasen der GFE

Die GFE versteht sich als ein fortlaufender mehrstufiger Prozess. Jede Phase dieses Prozesses hat Ihre eigenen Anforderungen, Inhalte und Gestaltungsmöglichkeiten.

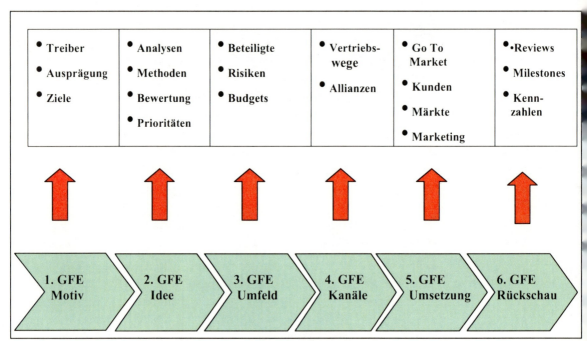

Abb.: Die Phasen der Geschäftsfeldentwicklung

Die Phasen des GFE- Prozesses in einem Unternehmen lassen sich auch als verschiedene Reifegrade verstehen. Je nach Stand der Entwicklung oder der Planung befindet sich ein GFE- Prozess in einer der folgenden Reifephasen:

1. Motiv- Phase
   Ein Unternehmen entdeckt Gründe, die eine Erweiterung von Geschäftsfeldern sinnvoll erscheinen lassen. Ein erstes Gefühl, wie diese Entwicklung aussehen kann reift. Die Ziele, die mit der GFE erreicht werden könnten, sind zumindest grob zu erahnen und zu umreißen.

2. Ideen- Phase
   Die GFE- Idee muss nun benannt und verfeinert werden. Um die erfolgsversprechendste GFE- Idee zu finden, kommen hier Methoden zum Einsatz. Es erfolgen Marktanalysen und der Einsatz von Kreativitätstechniken. Die verschiedenen Ideen werden bewertet und priorisiert. Nur die erfolgsversprechendsten GFE- Ideen werden verfolgt.

3. Umfeld- Phase
   Hier geht die Fragestellung dahin, welche Stellen in einem Unternehmen zu beteiligen und welche Mitspracherechte zu beachten sind? Das Marketing sollte die GFE- Maßnahme zunächst planerisch berücksichtigen.
   Dabei bedingt die Investitionsbereitschaft eines Unternehmens die Bemessung der Budgets und die personelle Ressourcenbereitstellung für die GFE- Maßnahme. Spätestens in dieser Phase ist es erforderlich, auch über eine Risikoanalyse nachzudenken.

4. Kanal- Phase
   Zur Zielerreichung sind passende operative und strategische Allianzen in Erwägung zu ziehen. Ggf. kann es sinnvoll sein, schon Lieferantenbeziehungen und Absatzwege zu bestimmen.

5. <u>Umsetzungs- Phase</u>
   Die Umsetzung der GFE- Maßnahme ist in dieser Phase in tatsächlichen Geschäftserfolg mit Hilfe entsprechender Planungskomponenten umzusetzen. Business- Planung und Go-To- Market wurden überdacht. Die Bearbeitung des Zielmarktes, der Kundenkreise, der Werbebotschaften und der Marketingmaßnahmen steht nun an. Kostenabschätzungen, erwartete Erfolge und Umsätze sollten zu diesem Zeitpunkt bereits planerisch bestimmt und festgeschrieben sein.

6. <u>Review- Phase</u>
   Die Kontrolle einer GFE -Maßnahme beinhaltet die Ermittlung und Bewertung von Kennzahlen zu bestimmten Zeitpunkten sowie deren Reflektion an zuvor definierten Meilensteinen (Milestones). Konsequenterweise führen Abweichung im GFE- Plan zur Korrektur entsprechender Parameter in Vorphasen.

Dabei ist natürlich keine der Phasen explizit von den jeweils anderen Phasen zu trennen. Alle Phasen sind miteinander verwoben, gehen ineinander über, bedingen sich und enthalten Abhängigkeiten untereinander. Die Systematisierung der Phasen soll an dieser Stelle in erster Linie dazu beitragen, eine bessere Greifbarkeit der GFE- Phasen zu ermöglichen.

Einsatz klassischer Instrumente in der GFE

Die Auswahl von GFE- Betätigungsfeldern ergibt sich für die meisten Unternehmen schon aus einem Gefühl von Veränderungsdruck heraus. Zudem spielen die Bewertungen der derzeitigen Unternehmenssituation und auch die Zielvorstellungen seitens der Unternehmenslenker eine Rolle.

Sollte man darüber hinaus noch weitere konkrete GFE- Wirkungsfelder aufspüren wollen, so kann man dies beispielsweise anhand der klassischen Instrumente der Portfolioanalyse oder der Produktlebenszyklusbetrachtung erreichen.

Diese Methoden sind nicht explizit für den Zweck der GFE- Analyse entwickelt worden. Es ergeben sich demnach natürlich nach dieser Betrachtung auch nicht automatisch die verfolgenswerten GFE- Ansätze. Zu Beginn erster initialisierender GFE- Schritte hilft die Einbeziehung dieser nach wie vor aktuellen Methoden- Klassiker dennoch nicht unbedeutend weiter. Es zwingt die Entscheider dazu, eine analytische und kritische Sichtweise auf das eigene Unternehmen und die Möglichkeiten der GFE einzunehmen. Zudem werden durch diese vorgeschaltete Betrachtung der Fokus und die Urteilsfähigkeit der Verantwortlichen geschärft.

> Ideen halten sich nicht. Es muss etwas mit ihnen getan werden.
> Alfred North Whitehead

> O wie gut erginge es manchen Menschen, wenn sie einmal aus ihrem Geleise herauskämen.
> Seneca

> Wer hohe Türme bauen will, muss lange beim Fundament verweilen.
> Anton Bruckner

Portfolio- Orientierung

Zu den bekanntesten Instrumenten des strategischen Marketings zählt die Marktwachstums- Marktanteils- Portfolio- Methodik der BOSTON- CONSULTING- GROUP.

Diese Portfolio-orientierte Untersuchung soll helfen, für strategische Geschäftseinheiten (Produkte, Märkte, Kundengruppen) Vorgehensstrategien abzuleiten. Beurteilt werden die eigenen Produkte des Unternehmens nach ihrem Wachstumspotenzial und ihrem relativen Marktanteil. Jedes Produkt wird in unter Berücksichtigung der vorgenannten Dimensionen in Relation zueinander gesetzt.

Charakteristisch an dieser Darstellung ist, dass in einem Diagramm mehrere verschiedene Dimensionen untereinander verglichen werden. Dieses Diagramm wird (auch) zur Beurteilung der gezeigten strategischen Geschäftseinheiten in vier Quadranten eingeteilt, die je nach ihrer Lage bezeichnet werden mit:

Fragezeichen......
   niedriger relativer Marktanteil, überdurchschnittliches Marktwachstum

Star....................
   hoher relativer Marktanteil, überdurchschnittliches Marktwachstum

Cash- Cow ....
   hoher relativer Marktanteil, unterdurchschnittliches Marktwachstum

(Poor) Dog.........
   niedriger relativer Marktanteil, unterdurchschnittliches Marktwachstum

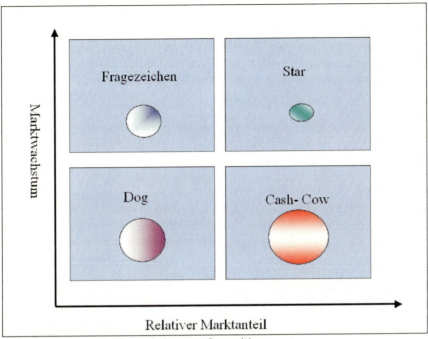
Abb.: Portfolioanalyse nach Boston Consulting

Question Marks/ Fragezeichen
Hinter diesem Begriff verbergen sich Geschäfte (i.S.v. Produkte) mit niedrigem Marktanteil und hohem Wachstum. Wegen ihres geringen Marktanteiles benötigen sie meist zusätzliche Finanzmittel, um ihre Marktstellung in einem schnell wachsenden Markt aufrechtzuerhalten oder zu verbessern. Geschäfte in dieser Kategorie weisen häufig außergewöhnlich hohe Chancen aber auch enorme Risiken auf. Solange das Marktwachstum anhält, kann der Marktanteil ohne hohes Risiko erhöht werden. Dazu sind jedoch hohe Investitionen notwendig. Wird der Marktanteil nicht erhöht, kann das Produkt zu einem „Dog" werden. Wichtig bei diesen Produkten (bspw. DVD- Laufwerke, DVD- Video) ist daher entschlossenes Handeln!

Stars (Sternchen)

In diesem Quadrant sind Produkte mit dominantem Marktanteil und hohem Wachstum angesiedelt. Der „Star" führt den Markt. Geschäfte in diesem Quadranten sind meist profitabel und können ihr Wachstum oftmals selbst finanzieren. Eindeutiges Ziel einer Marktanteilsstrategie ist die Verteidigung der Marktführerschaft. Damit wird der relative Kostenvorteil für die Zukunft erhalten, selbst wenn kurzfristig geringere Ergebnisse und weitere Finanzmittelzufuhren in Kauf genommen werden müssen (bspw. Windows 2000, moderne Handys, CD-Brenner etc.).

Cash-Cows

Wenn die Marktführerschaft erfolgreich verteidigt wird, tritt das Geschäft schließlich in die Reife- und Sättigungsphase. Dann nimmt es die Merkmale der Cash-Cows an. Die erforderlichen Reinvestitionen und die Verwundbarkeit des Geschäftes nehmen in einem langsamer wachsenden Markt ab. Beispiele sind weniger aktuelle Handymodelle und Softwareprodukte, die schon etwas länger am Markt sind wie Office 2000, CD-Laufwerke und CD-Spieler und Ähnliche.

Dogs (auch: Poor Dog i.S.v. armer Hund)

Produkte mit niedrigem Marktanteil und niedrigem Wachstum sind hier anzutreffen. Ihre ungünstige Kostenposition führt in der Regel zu niedrigen Gewinnen. Das niedrige Marktwachstum macht es gegenüber einem wachsamen Marktführer teurer, Marktanteile ohne übermäßigen Aufwand hinzuzugewinnen. Zudem besteht die Gefahr, dass die Produkte laufend mehr Finanzmittel verbrauchen, um ihre marginale Position aufrecht zu erhalten, als sie eigentlich erwirtschaften. Sie sollten so gemanagt werden, dass sie für das Unternehmen keine zu hohe Belastung darstellen. Das kann viele Formen annehmen, z. B. kleinere Verbesserungen, Suche nach Nischen, kleine Investitionen oder der allmähliche Rückzug aus diesem Geschäft. Beispiele hierfür sind Microsoft-Produkte für Macintosh, ältere Computerspiele, Plattenspieler.

Die Lehre gibt ferner bestimmte Strategien zum Umgang mit den Quadranten vor.

Unterschiedliche Mittelerfordernisse in den einzelnen Quadranten erfordern eben so unterschiedliche Strategien:

- Offensivstrategie in der Einführungsphase
- Investitionsstrategie in der Wachstumsphase
- Abschöpfungsstrategie in der Reifephase
- Desinvestitionsstrategie in der Sättigungsphase

> Wenn man eine Entscheidung fällt, kann diese nur falsch sein.
> Matthias Beltz

> Die Innovationsschwäche von Großunternehmen ist unvermeidliche Folge der vorherrschenden Planungs- und Controllingsysteme.
> Clifford Pinchot

Die Erstellung einer solchen Vier- Felder- Matrix kann in der GFE helfen, entsprechende Fokussierungen innerhalb eines Portfolios vorzunehmen. Die für die Einteilung in die 4 Kategorien anzustellenden Überlegungen vermitteln nicht zuletzt ein Gefühl dafür, welche Bedeutung einzelne Unternehmensbereiche oder Produktlinien haben. Nur daraus resultierend kann der Einsatz der GFE- Kapazitäten zielgerichtet erfolgen.

Aus Sicht eines GFE- Verantwortlichen müssen die Felder „Fragezeichen" und „Dog" als Betätigungsfeld gesehen werden.

Das „Fragezeichen" birgt noch viele Ungewissheiten in sich. Die Aufgabe der GFE muss sein, die Stellung eines „Fragezeichen" zu festigen, Marktanteile zu sichern, die Priorität und die Ressourcenströme im Unternehmen auf das „Fragezeichen " hinzulenken sowie durch geeignete Maßnahmen die Akzeptanz am Markt zu fördern. Gleichzeitig müssen mögliche Risiken des Fragezeichens analysiert und beurteilt werden.

Der Bereich „Dog" sollte durch gezielte Analysen und Maßnahmen der GFE nach Verbesserungspotenzialen untersucht werden. Worin liegen beispielsweise die Gründe des wenig nachhaltigen Erfolges? Können Maßnahmen getroffen werden, um den Bereich Dog zu profilieren und zu stärken? Mögliche Chancenträger unter den Dogs sollten ermittelt werden sowie die Fehlsteuerung von Ressourcen von den echten Dogs auf die unechten Dogs mit Erfolgspotenzial geleitet werden. Dies könnte z.B. in der Umsetzung bedeuten, eine Produktlinie aufzugeben, um eine erfolgversprechendere Produktlinie gezielter und intensiver angehen und entwickeln zu können.

Die Betrachtung des Produktlebenszyklus

Ein Unternehmen mit Produkten oder auch Dienstleistungen hat in aller Regel schon einmal eine Bewertung der jeweiligen Produktlebenszyklen der eigenen Produkte durchgeführt und eine Prognose zu deren weiteren Verlauf vorgenommen. Der Lebenszyklus eines Produktes wird gemeinhin in die Phasen Entwicklung, Einführung, Wachstum, Reife, Sättigung und Rückgang eingeteilt. Dabei wird ebenfalls das Verhältnis von Umsatz zu Kosten und daraus resultierend der jeweilige Gewinn innerhalb einer Phase dargestellt.

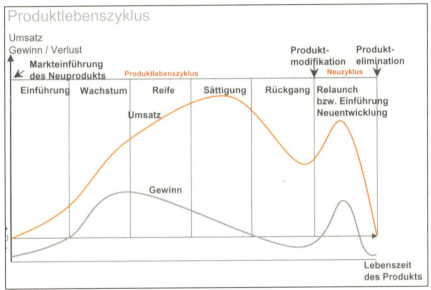

Abb.: Produktlebenszyklus nach klassischer Lehre

Die Arbeit der GFE ist an der Achse des klassischen Produktlebenszyklus an zwei Punkten anzusetzen:

- Vor und bis zur Entwicklungsphase (Einführung)
  Die Aufgabe der GFE besteht darin, die richtigen Weichen zu stellen, das Produkt zu positionieren, mit den richtigen Marketingmaßnahmen zu flankieren und eine Strategie für den Markteintritt zu definieren. In beschränktem Maße kann die GFE auch Risikoabschätzungen vornehmen, Zielvorgaben formulieren und Prognosen für die Marktentwicklung stellen. Die Phasen ab der Einführung sind dann eher Aufgabe der Vertriebs- und Marketingabteilungen eines Unternehmens.

- Sättigungsphase
  Ab der Phase der Sättigung kann die GFE nach Möglichkeiten der Produktabwandlung, einer Produktmodifikation, nach neuen Zielgruppen oder nach Nachfolgeprodukten suchen. Da in dieser Phase auch Umsatzrückgänge zu erwarten sind, kann die GFE- Maßnahme versuchen, hier neue Umsatzströme zu generieren.

Die Betrachtung der beiden o.g. Methoden sollte für Zwecke der GFE nicht allzu wissenschaftlich und analytisch vorgenommen werden. Es geht letztendlich darum, die Sichtweise auf das Unternehmen und seine Produkte zu schärfen. Diese Erläuterungen sollen lediglich einen möglichen allerersten Ansatzpunkt für GFE aufzeigen.

Ausprägungen der GFE

Spezialisierung

Der allgemeinste Ansatz der GFE ist eine Ausdehnung der Geschäftstätigkeit, verbunden mit einer Fokussierung unter der Zielstellung, Produkte oder Dienstleistungen aus einem Massenmarkt hin zu einem Spezialmarkt zu entwickeln und hier wirtschaftlichen Erfolg zu erzielen.

Eine Spezialisierung in diesem Sinne:

- erhöht die Glaubwürdig für ein Produkt am Markt
- stärkt ein Markenimage für das spezielle Produkt
- kann zur Perfektionierung der Leistung genutzt werden
- kann Effektivitätspotenziale bei der Produktion (Erstellung) freisetzen
- sollte in ein wettbewerbsarmes Segment führen
- sollte nicht zur Aufgabe unternehmerischer Vielseitigkeit und anderer wirtschaftlicher Standbeine führen

> Was sich nicht verkaufen lässt, will ich nicht erfinden.
> Thomas Alva Edison

> Nichts ist gefährlicher als eine Idee, wenn man nur eine hat.
> Anonymus

> Wer heute den Kopf in den Sand steckt, knirscht morgen mit den Zähnen.
> Günther Pfiff

> Der gute Vorsatz ist ein Gaul, der oft gesattelt, aber selten geritten wird.
> aus Mexiko

Beispiele:

Eine Bank entwickelt sich vom Kreditinstitut für „jedermann" zu einem Anbieter, der u.a. das Angebot für spezielle und teure Sportgeräte (z.B. Segelflugzeuge) mit einem besonderen Finanzierungsplan flankiert und gleichzeitig eine Risikoversicherung anbietet. Hierzu wurden Kontakte zu Anbietern solcher Geräte geknüpft, gemeinsame Marketingansprachen vereinbart und ein Team der Bank mit der Umsetzung dieses Angebotes betraut.

Ein Anbieter von Fahrzeugscheibenreparaturen konzentriert sich mit einem eigenen Geschäftsbereich auf die Reparatur von Scheiben in Schienenfahrzeugen (Loks, Wagons).

Innovation

Innovation dem Wortursprung nach heißt „Neuerung" oder „Erneuerung". Das Wort setzt sich aus den lateinischen Begriffen novus „neu" und innovatio für „etwas neu Geschaffenes" zusammen. Im Deutschen wird der Begriff heute im Sinne von neuen Ideen und Erfindungen sowie für deren wirtschaftliche Umsetzung verwendet.[5]

Beispiele: PostIt, Cola-Zero, Glühbirne, Airbag

Deutsche Unternehmen sind gut damit beraten, nicht kurzlebigen Trendkonzepten hinterherzulaufen, wenn sie innovieren wollen. Der so genannte "Me-Too- Effekt" lässt Firmen nur an einem bereits verteilten Markt teilhaben. Vielmehr richten wirklich innovative Unternehmen den Blick stärker auf die eigenen Potenziale und deren historische Formierung, um letztlich Wettbewerbsvorteile auf der Basis echter Alleinstellungsmerkmale zu erarbeiten.

---

[5] nach de.wikipedia.org im Mai 2007

Der Erste sein

Im Neugeschäft ist es wichtig, als Erster ein Thema deutlich zu adressieren und dieses erfolgreich zu vermarkten. Der Markt respektiert zwar den Zweiten, er honoriert aber nur den Ersten. Der Erste hat zudem auch größere Aussichten, eine Innovation als Marke zu prägen. Der Erste bleibt in Erinnerung. So weiß jeder, wer der erste Mensch auf den Mond war und wer als erster Mensch den Atlantik überflogen hat. Den jeweils Zweiten oder Dritten kennt nahezu niemand.

> Ein Geschäft, das nichts als Geld verdient, ist ein schlechtes Geschäft.
> Henry Ford

> Fortschritt ist die Verwirklichung von Ideen.
> Oscar Wilde

> Die Gewohnheit ist das Grab des Erfolges.
> Napoleon Hill

Sind auf den nationalen und internationalen Märkten angebotene Produkte oder Dienstleistungen durch Patente oder Warenzeichen geschützt, so ist zwar Nachahmung möglich, dennoch werden qualitäts- und markenbewusste Kunden das Original vorziehen. Der mit geschützten Originalprodukten auftretende Anbieter hat meist einen Zeitvorsprung vor den Wettbewerbern, da er in der Erstphase neuheitsorientierte Kunden auf sich zieht. Er bestimmt den Preis für sein Produkt.

Innovator ist der „Schöpferische", der auf der Suche nach neuen Aktionsfeldern den Prozess der schöpferischen Ideenfindung antreibt. Seine Triebfeder sind auf der Innovation basierende kurzfristige Monopolstellungen, die dem innovativen Unternehmer einen Pionierbonus verschaffen. Darunter verstehen sich geldwerte Vorteile, die durch die innovativen Verbesserungen entstehen, wie zum Beispiel höhere Produktivität oder hohe Attraktion beim Endkunden.

> Die meisten Nachahmer lockt das Unnachahmliche.
> Marie von Ebner- Eschenbach

> Ein Elfenbeinturm hat keine Fenster.
> Hermann Simon

Der Trend auf den Märkten setzt den Maßstab für erfolgreiche Produkte. Trends auf den Märkten werden im Wesentlichen von den Wünschen und Vorstellungen der Kunden bestimmt. Die Erwartung, die ein Kunde mit dem Kauf eines Produktes oder einer Dienstleistung verbindet, ist nicht gleich bleibend sondern unterliegt den Schwankungen seiner Wertvorstellungen.

Es gibt eine Wechselwirkung zwischen den Produktanbietern und den Kunden. Der Produktanbieter versucht, Funktionalität und Qualität in Bezug auf den Kundennutzen zu verbessern. Der Kunde nimmt durch sein Kaufverhalten Einfluss auf das Preis- Leistungsverhältnis der Anbieter. Der Anbieter mit dem besten Preis- Leistungsverhältnis kann so wiederum zum Marktführer avancieren.

Der Wettbewerb zwischen den Anbietern bringt vielfältige Vorteile für den Kunden und ist Stimulans zu ständiger Produktverbesserung und Erneuerung. Wettbewerber mit Standardprodukten können nur durch Preissenkung Absatzvorteile erreichen. Auf Dauer können sie am Markt nicht überleben und müssen zwingend durch Innovation und neue Produkte bessere Chancen am Markt suchen.

Innovationen und neue Technologien allein finden noch keinen Markt. Entscheidend ist vor allem, ob Kunden Vorteile oder zusätzlichen Nutzen bei bei der Anschaffung neuer Produkte haben. Daher ist die Kenntnis der Entwicklung des Kundenverhaltens durch Marktforschung und -beobachtung ein entscheidender Baustein für den Markterfolg.

Nur ein GFE- Ansatz, der sich dieses Wechselspiels annimmt, diesen Mechanismus nutzt und dabei klare Mehrwerte generiert, ist garantiert auch erfolgreich.

> Innovation heißt, Leute mit wissenschaftlicher Ausbildung dazu einzusetzen, dass sie aus wenig Geld mehr Geld machen.
> Werner P. Meier

> Nichts auf der Welt ist so stark wie eine Idee, deren Zeit gekommen ist.
> Victor Hugo

Produkterweiterung

Eine stetige Erweiterung der bestehenden Produkte um Attribute, Funktion und Veränderung der Erscheinung ist ein recht beliebtes und Erfolg versprechendes Modell, ein Geschäftsfeld zu entwickeln. Dieser Bereich ist verwandt mit dem Bereich Innovation.
Produkterweiterungen führen im besten Fall zu Alleinstellungsmerkmalen eines Produktes, wobei von großer Bedeutung ist, dass das eigentliche Ursprungsprodukt nicht abgewertet wird.

Zu viele (vor allem natürlich erfolgreiche) Produkterweiterungen können sich zudem leicht kannibalisieren und werden I.d.R. schnell durch Mitbewerber kopiert.

Beispiele:
Fernsehzeitung mit Spielfilm- DVD, Aspirin mit Vitamin C, FlatScreenTV, Bonbon jetzt ohne Zucker, Auto jetzt als Hybridversion etc..

> Wer nicht vertrieben sein will, muss vertreiben.
> Friedrich von Schiller

> Im Grunde ist ein Diamant auch nur ein Stück Kohle, das die nötige Ausdauer hatte.
> Anonymus

> Es gibt zwei Methoden, jemand anderen zu übertreffen, die eine besteht darin, sich selbst voranzubringen, und die andere darin, den anderen zurückzuhalten.
> Bertrand Russell

> Nur auf dem Boden ganz harter Arbeit bereitet sich normalerweise der Einfall vor.
> Max Weber

Transfers

Bekannte Produkte in andere Nutzungs- und Anwendungsbereiche zu überführen, ist eine lohnenswerte Form, Geschäftsfelder zu erweitern. Doch nicht immer muss dies an einen reinen Technologietransfer gekoppelt sein (zum Beispiel Teflon oder Kohlefaser: Von der Raumfahrt in die Pfanne oder den Automobilbau). Oft ist es schon möglich, einfach bestimmte Kompetenzen, Know- how oder die Nutzung eines bestimmten Maschinenparks einer artverwandten Bestimmung zuzuführen.

In diesem Sinne kann eine Unternehmung, die sich z.B. der Entwicklung von Funktechnologie verschrieben hat, mit Ihrem Know- how auch Lösungen für die Abschirmung von elektromagnetischen Wellen in bestimmten Bereichen (z.B. in Krankenhäusern) anbieten. Ebenso kann ein Elektronikgeschäft zusätzlich die Installation von Blitzableitern anbieten.

Nischen/ Marktlücken

Das absolute Gegenteil eines Massenmarktes ist der so genannte Nischenmarkt. Hier finden sich weder die für den Massenmarkt prägnanten Merkmale einer starken Nachfrage, noch eine starke Konkurrenz. So hat der Unternehmer, bedient er den Nischenmarkt, zwar hohe Gewinnmargen- jedoch kleine Umsätze.
Eine Marktlücke an sich ist ein Marktsegment mit vorhandenem Bedarf, jedoch ohne entsprechendes Angebot. Eine Marktlücke kann durch eine Nachfrageänderung oder eine Veränderung der Angebotsstruktur entstehen.

Das Erkennen einer Marktlücke und das beharrliche Verfolgen, diese zu schließen, können für den unternehmerischen Erfolg von entscheidender Bedeutung sein, da Pioniergewinne bzw. ein Quasi-Monopol geschaffen werden können. Die eigentliche Herausforderung liegt jedoch im Erkennen einer Marktlücke. Zudem darf das Angebot, mit dem die Nische besetzt werden soll, nicht zu weit entfernt von dem derzeitigen Geschäftszweck liegen. In Abgrenzung zur Innovation geht man bei einer Nische von einer bereits bestehenden Nachfrage aus. Das besondere Merkmal besteht darin, dass eine Nische zwar klein ist - aber besteht und bisher von keinem Marktbegleiter abgedeckt wird.

Ob es wiederum lohnt, Nischenmärkte zu bedienen, ist eine rein betriebswirtschaftliche Fragestellung. So kann es auch passieren, dass eine Nachfrage für ein Nischenprodukt besteht, jedoch die Produktion und der Vertrieb in kleiner Stückzahl hinsichtlich des Aspektes der Rentabilität für ein Unternehmen nicht möglich ist.

Nischenthemen können durch Kreativitätsmaßnahmen gefunden werden. Aber auch die Befragung von Bestandskunden und eine gezielte Abfrage nicht befriedigter Wünsche kann ein Hinweis auf zu besetzende Nischenthemen darstellen.

Nischenmärkte, in dem Sinne verstanden, können Zukunftsmärkte sein. Zukünftige Entwicklung von Technologie, Märkten und Nachfrageverhalten bedarf entweder hoher Aufwände im Bereich der Marktforschung oder aber hohen visionären Potenzials und einem Gefühl für Marktströmungen.

> Wenn man etwas gut kann, ist es Zeit, etwas Neues zu lernen.
> Anonymus

> Warum soll ich mich verändern, wenn ich mich wohlbefinde?
> Friedrich von Schiller

> Man muss sowohl die heutige Situation als auch neue Ideen stärker aus der Zukunft heraus betrachten, die Zukunft als Standort wählen.
> Hermann Simon

> Technologische Führerschaft ist oft nur eine Frage der Geschwindigkeit. Der Schnellere erscheint als der technologische Führer.
> Hermann Simon

Komplementäre Angebote

Ein Unternehmen erstellt Produkte oder bietet seine Dienstleistungen an. Oft lassen sich zusätzliche oder auch flankierende Angebote finden, die eine Möglichkeit bieten, das eigene Geschäftsfeld zu erweitern.

So verkauft jeder Schuhladen komplementär zum Produkt „Schuh" natürlich auch Einlegesohlen, Pflegemittel und Schnürsenkel. Aber es kann auch weniger nahe liegende Ansatzpunkte geben.

In einem solchen Fall ist in erster Linie ausschlaggebend, ob das komplementäre Angebot wirtschaftlich zu erbringen ist, oder ob ggf. noch Investitionen durchzuführen sind. Auch die notwendige Sach- und Fachkenntnis spielt eine Rolle.

Grundsätzlich ist ein hohes ergänzendes Angebot ein verkaufsfördernder Faktor. Ein Unternehmen, das eine Maschine verkauft, gleichzeitig aber auch Ersatzteile sowie spezielle Reinigungsmittel im Sortiment führt, den Wartungsservice abdeckt sowie neben der Anlieferung auch einen eigenen Finanzierungsservice anbietet, hat neben einem reinen "Händler" des entsprechenden Produktes unbestritten die besseren Erfolgschancen.

Folglich bietet die Erweiterung des Dienstleistungsspektrums rund um die eigenen selbst produzierten Produkte häufig eine Erfolg versprechende Expansion des Geschäftsbereiches.

> Kontinuierliche Verbesserungen sind besser als hinausgezögerte Vollkommenheit.
> Mark Twain

> Die Musik spielt an der Kundenfront.
> Ron Sommer

Neue Zielgruppen

Zielgruppen unterscheiden sich nach demographischen Faktoren (Alter, Geschlecht, Wohnort etc.), nach zu erwartendem Kaufverhalten aber auch nach Typologien der potentiellen Käufergruppen. Eine probate Vorgehensweise könnte sein, mit einem bereits bestehenden Produktangebot andere Käufersegmente anzusprechen. Dies ist oft schon durch Veränderung der Werbebotschaft möglich (z.B. Milchriegel auch für Senioren). Regelmäßig müssen Produkte aber auch abgeändert werden, um sie für neue Zielgruppen glaubhaft zu machen. So werden bestimmte Automobile beispielsweise für junge Käufergruppen als "Sonderedition" mit besonderen Farben, jugendlichem Interieur und einem speziellen Preis ausgestattet.

War ein Unternehmen bisher auf eine spezielle Branche fokussiert, so ist auch die Ausrichtung bezüglich anderer Branchen ein probater GFE-Ansatz. Denkbar ist beispielsweise, dass ein Baumaschinenhersteller seine Kompetenzen im Bereich des Industriemaschinenbaues durchaus auch im Marktsegment für landwirtschaftliche Maschinen anbringen kann.

> Wer sich eine schwierige Aufgabe stellt, braucht keine Angst zu haben, dass er viel Konkurrenz bekommt.
> Amerikanische Weisheit

Ausräumen von Zugangsschwellen

Im Kundenverhalten lässt sich häufig eine Tendenz zur Kaufhemmung erkennen, die ursächlich an den Faktor gekoppelt ist, dass der Zugang zu Produkten oder Dienstleistungen für den potentiellen Interessenten/ Käufer mit Hindernissen (logistische, finanzielle etc.) verbunden ist. Diese Probleme lassen sich an folgenden Beispielen transparent machen:

- Vom Kaufverhalten, der Vermarktung, dem Preis- Leistungs- Verhältnis, der Überzeugung von der Qualität des Produktes würde der Kunde eine Waschmaschine seiner Wahl gern sofort kaufen, doch sieht er sich vor das Transportproblem derselben gestellt.

- Der Kunde würde gern auf ein ihn ansprechendes Pay- TV Angebot eingehen, will sich aber nicht über ein Jahres- Abo verpflichten.

- Der Reisende würde gern mit der Bahn fahren, will aber nicht am Vorabend der Abreise noch zum Fahrkartenkauf zum Bahnhof fahren müssen.

- Der Teenager würde gerne ein Handy nutzen, seine Eltern erlauben aber keinen Vertragsabschluss

- Der Geringverdiener meint, ein Auto sei für ihn unerschwinglich.

> Gegen den Wind muss man kreuzen.
> Hans Kasper

Solche "Kaufhemmungen" könnten durch ein entsprechendes Entgegenkommen der Anbieter abgestellt werden.

Eine Waschmaschine könnte kostengünstig angeliefert und angeschlossen werden, Pay- TV könnte es auch im günstigen Monats-Abo geben, Bahnfahrkarten kann man auch zu Hause ausdrucken, Handys können auch mit PrePaid- Karten betrieben werden, das Auto kann finanziert oder geleast werden

Diese Beispiele zeigen, wie Anbieter erfolgreich Zugangshürden zu ihren Produkten abgebaut haben.

<u>Anbieter sollten sich daher auch gezielt fragen:</u>

"Welche Zugangshürde steht zwischen dem Käufer und meinem Produkt?".
Wenn man bei diesen Fragen auf mögliche Zugangsschwellen stößt (Kosten, Verträge, Transport, bestimmte Aufwände etc.), dann sollte man im nächsten Schritt versuchen, diese Zugangshürden auszuräumen.

Auslandsorientierung

Ein weiterer interessanter Aspekt verbirgt sich hinter der Fragestellung, ob ein Produkt oder eine Dienstleistung vielleicht im Ausland nicht ähnlich gut zu vermarkten ist wie auch im Inland.
Dieser GFE- Ansatz ist in der Durchführung vielschichtig, wenn auch wenig von echter Innovation getrieben.

> Warum in der Nähe bleiben, wenn die Ferne liegt so nah.
> Hermann Simon

> Geld spricht alle Sprachen.
> Anonymus

Folgendes ABC der Erfolgsfaktoren ist bei einer ersten Überlegung in Richtung Auslandsgeschäft zu beachten:

A-uslandsrepräsentanz, A-usfallrisiko
Ohne entsprechende Vorortrepräsentanz ist Kundennähe aber auch die Durchsetzung von Ansprüchen schwierig.

B-ürgschaften
Oft ist man auf ausländische Geschäftspartner angewiesen, die eine Art „Steigbügelfunktion" in den neuen Markt ermöglichen sollen.
Diese Bürgen gilt es zu gewinnen und zu überzeugen.

C-orporate Identity
Das Vorhaben muss mit dem eigenen Unternehmensprofil konform sein.

D-efizite
Gibt es im Unternehmen ausreichend Kompetenz, um einen Auslandsmarkt zu erschließen?

E-rfolgsfaktoren
Es gilt Marktgesetze und Kundenverhalten, politische Entwicklungen und sämtliche Kaufentscheidende Faktoren im Zielland zu untersuchen und zu prognostizieren.

F-unktionalität
Das Produkt oder die Dienstleistung müssen auch funktional passen. Bei einem Elektrogerät ist natürlich zu schauen, ob der Stecker passt, ob Richtlinien eingehalten werden, die Funktionalität einen Mehrwert bietet. (Beispiel: In der Wüste benötige ich keinen Luftentfeuchter)

G-erman Gründlichkeit
Deutsche Wertarbeit ist kann durchaus ein Erfolgsfaktor, gleichwohl aber auch ein Grund für Vorbehalte sein.

H-eimischer Ruf
Grundsätzlich hat ein etabliertes deutsches Unternehmen gegenüber einem Marktführer im Ausland wenig natürliches Mehrwertpotenzial.

I-nternationale Erfahrung
Internationale Geschäfte erfordern das Wissen um ausländische Standards, Märkte, Gesetze und Kaufverhalten. Nur erfahrene auslandsbewährte Unternehmen können all diese Faktoren beim Markteintritt komplett im Auge behalten.

J-unctions
Synergien können insbesondere mit ausländischen komplementären Partnern außerordentlich viel Sinn ergeben. Diese Synergien zu erahnen, richtige Partner zu finden, kann erfolgsentscheidend sein.

K-omplementäre Partner
Das Risiko eines Auslandseinsatzes sollte, falls möglich, mit bewährten einheimischen Partnern geteilt werden.

L-aws
Ein Grundverständnis für das andere Marken- und Wettbewerbsrecht sowie das allgemeine Vertragsrecht verkleinert unwägbare Risiken.

M-arketing
Deutsches Marketing ist in anderen Ländern häufig oft deplatziert. Kaufanreize werden andernorts auf andere Weise gesetzt.

N-ational staff
Eigene Mitarbeiter für einen „Auslandseinsatz" zu begeistern erfordert teure Anreizsysteme. Geeignete ausländische Mitarbeiter sind meist schwierig zu rekrutieren.

O-rganization
Eine Organisation muss eine Auslandsrepräsentanz reflektieren, und zwar im Bereich Recht, Personalabrechnung, Buchhaltung bis hin zum Marketing.

P-ublic acceptance
Ein Unternehmen lebt von seinem Renommee. Akzeptanz im Ausland ist noch zu erarbeiten.

Q-uery
Eine Auslandsrepräsentanz benötigt andere Controllingsysteme, mehrsprachige IT- Systeme, eine gesonderte Form der Ergebnisbewertung und unterliegt ggf. anderem Börsenrecht.

R-elationships
Lobbyarbeit (Influencer gewinnen, gute Kontakte zu Behörden, Politik und Entscheidern aufbauen) ist im Ausland noch entscheidender als es in Deutschland der Fall ist.

S-tandards
Andere Länder haben andere Anforderungen an A- wie Abfallentsorgung, B- wie Brandschutz,...an Q- wie Qualität bis hin zu Z- wie zwischenmenschlicher Umgang. All diese „Standards" können bedeutsam sein.

T-rade fare
Stehen Vorschriften wie Handelsabkommen, Zölle, Einfuhrverbote etc. dem Vorhaben entgegen?

U-nternehmenskultur
Das Abstimmen auf andere Kulturkreise ist eine eigene Herausforderung.

V-ielsprachigkeit der Mitarbeiter
Die verantwortlichen Mitarbeiter sollten der jeweiligen Landessprache mächtig sein.

W-ährungsrisiko
Je nach Land ist das Währungsrisiko entsprechend zu bewerten. Passt das Preisniveau überhaupt?

X- ccelerator
In einigen Ländern ist ein forscher offensiver Marktauftritt die einzige Möglichkeit für einen erfolgreichen Markteintritt.

Y-ield
Das ausländische Gehaltsgefüge dürfte im Regelfall kein Hindernis darstellen.

Z-ukunftsfähigkeit
Die Auslandsorientierung ist ein Vorhaben, das sich nur langfristig lohnt. Bei krisengefährdeten Regionen ist die Planung entsprechend verantwortungsvoll vorzunehmen.

Tab.: ABC-Auslandsgeschäft

Grundsätzlich ist die Ausrichtung auf das Auslandsgeschäft immer „Chefsache".

Das Management sollte bei ins Ausland gerichteten Geschäften immer in Bezug auf einen sog. **Export- Fahrplan** richtungsgebend sein[6]:

- Gesichtspunkte für die Ausarbeitung einer Internationalisierungsstrategie finden
  Welchen Anspruch hinsichtlich Erfolg und Marktpräsenz streben wir an?

- Formulierung exportorientierter Ziele
  Sind Umsatzziele, Marktanteile oder noch andere Ziele die Treiber des Auslandsgeschäftes?

- Möglichkeiten für eine effektive Informationsrecherche ausarbeiten
  Beauftrage ich ggf. externe Berater, um mir alle für den Auslandsmarkt erfolgskritischen
  Informationen zu besorgen?

- Kriterien für eine qualifizierte Exportmarktauswahl benennen
  Warum möchte ich in welchen Ländern aktiv werden?

- wichtige Exportmärkte der Zukunft nominieren
  Welche sind strategisch wünschenswerte Zielmärkte?

- Risikoanalyse und Risikoabsicherung beauftragen
  Welche speziellen Risiken birgt das Auslandsgeschäft und wie sichere ich es ab?

- Anforderungen an eine auslandsbezogene Produktanpassung untersuchen
  Welche gesetzlichen Anforderungen, ggf. auch pragmatischen Anpassungen sind für den Auslandserfolg wichtig?

---

[6] frei nach: Management Circle, Schulungsangebot im Aug-2006

- **Praxiserprobte Vertriebsstrategien in Auslandsmärkten ermitteln**
  Durch Mitbewerbs- und Marktbetrachtung sollte der richtige Vertriebsansatz erkundet
  werden.

- **Zahlungsabwicklung und Finanzierung im internationalen Umfeld erkunden**
  Welche Möglichkeiten bieten sich über die Einbeziehung von Fremdkapital und
  Beteiligungen?

- **Notwendigkeiten und Möglichkeiten einer grenzüberschreitenden Vertragsgestaltung analysieren**
  Welche Besonderheiten und Bestimmungen beinhaltet das Handels- und Privatrecht im Zielland, welche steuerlichen Besonderheiten sind zu berücksichtigen?

- **Aspekte für ein kundenorientiertes Marketing im Ausland ermitteln**
  Welche Marketingkanäle und welche Erfolgsmodelle im Bereich Werbung gibt es im Zielland?

Internet Nutzung

Auch nach dem Platzen der so genannten und viel versprechenden "Internet-Blase" ist die Verlagerung von Unternehmensleistungen ins Internet (Web) weiterhin ein möglicher Ansatz zur Steigerung des Geschäftserfolges eines Unternehmens. Im Bereich der GFE ist die Nutzung von Internet- Technologien, zumeist in Form der Distribution von Leistungen über das Internet, eine Möglichkeit der Umsatzsteigerung durch Verfeinerung des eigenen Geschäftsmodells. Innovative Ideen hinsichtlich der Einbeziehung der Internetnutzung sind grundsätzlich nicht abzulehnen, es sollten aber die nachvollziehbaren und bodenständigen Ansätze den visionären Ansätzen der "DotCom-Ära" vorgezogen werden. Sehr häufig erlaubt die Nutzung von Internettechnologien die Verbesserung von Geschäftsmodellen und Prozessen.

> Die Adresse der Zukunft heißt .com.
> Hermann Simon

> Im Marketing ist das Internet nicht alles. Aber ohne das Internet ist alles nichts.
> Hermann Simon

> Kundennähe ist keine Frage von Entfernung.
> Trinkhaus & Burkhardt

Folgende <u>Potenziale des Internet und des eBusiness</u> sind in der Hauptsache von Bedeutung:

- Dis- Intermediation
  Dis- Intermediation bezeichnet die Reduktion der Zwischenhändler im Wirtschaftsgefüge durch das Medium Internet. Beispiel: Ein Unternehmen bietet einen Werksverkauf über das Internet (Web Shop) an. Die Produkte werden direkt ab Lager an die Endkunden versandt. Das Unternehmen kann so die Margen- die ansonsten dem Groß- und Einzelhändler (Mediäre) zufallen- für sich behalten sowie einen Teil der Marge als Preisvorteil dem Kunden weitergeben. Ein weiteres Beispiel: Für eine Flugbuchung wird heutzutage nicht mehr unbedingt ein Reisebüro benötigt. Die Buchung kann komplett über das Internet erfolgen.

- Re- Intermediation
  Dieser Begriff bezeichnet einen Prozess, bei dem existierende Handelskanäle intermediär durch internetbasierte Technologien ergänzt und sinnvoll flankiert werden bzw. das Internet zur Ausweitung von Handelsbeziehungen genutzt wird. Beispiel: Preisagenten im Internet verschaffen Endkunden eine nahezu vollkommene Preistransparenz. Diese Agenten sind eine zusätzliche Dienstleistung im Wirtschaftskreislauf, die durch ihre Anwesenheit Kaufentscheidungen flankieren.

- Überregionale Ausdehnung
  Ein Unternehmen, das bisher nur regional vermarktet hat, weil z.B. eine Geschäftsstelle an nur einem Ort vorhanden ist, kann durch das Internet seinen Wirkungskreis erhöhen und einen weiteren Absatzkanal etablieren. Voraussetzung ist die Tauglichkeit des Produktes für einen Versand (ausgeschlossen bei z.B. einer Tierhandlung). Durch Eröffnung eines Web Shops können Güter und Dienstleistungen weltweit angeboten werden. Entscheidend ist die Verhältnismäßigkeit zwischen erzielbarem Umsatz und dem Aufwand für Verpackung, Versand und laufendem Betrieb des Web Shops (Mehrsprachigkeit). Aber auch bloße Werbung über einen eigenen Webauftritt plus der Offerte von Onlineinformationen kann sich bereits verkaufsfördernd auswirken.

- Individualisierung
  Die Individualisierungsmöglichkeiten (auch: Personalisierung) durch Web- Technologie ermöglichen es Unternehmen, noch gezielter auf die Wünsche ihrer Kunden einzugehen. Die Ausgestaltung eines Produktes kann mittels zu diesem Zweck entwickelten Konfiguratoren, den eigenen Vorstellungen entsprechend, mitbestimmt werden (z.B. Auto-Konfiguratoren; Entwurf eines individuell bedruckbaren T-Shirts online). Aber auch die spezielle Umwerbung von Kunden anhand erstellter oder ermittelter Kundenprofile zählt zur Individualisierung des Angebotes (hier insbesondere der personalisierten Kundenansprache).

- Auktionen
  Das Internet ermöglicht auch eine Verauktionierung von Dienstleistungen oder Produkten.
  Hier kann ein Unternehmen (z.B. bei Höchstbieterauktionen) zu Lasten eines möglicherweise geringeren Preises einen relativ sicheren Absatz eines Produktes erreichen. Allerdings kann das Wechselspiel von Angebot und Nachfrage ebenso Schwierigkeiten mit sich bringen, weil nach Bekanntwerden der Auktionierung kaum mehr ein Käufer bereit ist, den regulären Laden- oder Marktpreis zu bezahlen.

- Real- Time- Recommendations
  Jede Bewegung eines Internetnutzers kann für Anbieter zur Abrundung eines "Profils" genutzt werden.
  Mit einem solchen Profil, das Kaufverhalten und demoskopische Daten gleichermaßen berücksichtigt, können intelligente Systeme in Echtzeit ein individuell angepasstes Angebot ermitteln und dieses dem Online- Käufer anbieten. Auch Komplementärprodukte zu soeben gekauften Produkten können nur Sekunden später wiederum angeboten werden (z.B. nach Online-Kauf eines Staubsaugers, die Empfehlung für spezielle Saugerbeutel). Diese Art des "Up- und Cross-Sellings" erfordert allerdings zum einen ein breit gefächertes Handelsgeschäft des jeweiligen Unternehmens sowie einen hochprofessionellen Webauftritt.

- Gebrauchtverkäufe
Ein Hersteller von Produkten kann seine Überzeugung von der Qualität der von ihm produzierten Produkte besonderen Ausdruck verleihen, wenn er sogar bereit ist, für diese ein zweites Mal den Verkauf zu organisieren. Ein Beispiel sind hier auch Rückkaufangebote (neu für alt z.B. bei Rasierern o. Handies). Internettechnologie bietet hierfür eine hervorragende Voraussetzung. Insbesondere kann durch Einsatz von Software die aufwendigere Vermarktung vereinfacht werden. So hat ein gebrauchtes Gut immer zusätzliche Attribute wie Alter, Zustand, die Anzahl der Vorbesitzer, den Standort etc. Bei Automobilen ist diese Art des Weitervertriebes üblich. Aber auch bei anderen hochwertigen Gütern kann dies durchaus zum Mehrwert des Produktes im Sinne des Herstellers beitragen. Ein Hersteller kann so neben einer Handelsmarge über technische Hilfsmittel im Web einiges über Beliebtheit, Preisgefüge sowie Haltbarkeit seiner Produkte in Erfahrung bringen. Auch die Flankierung einer solchen Gebrauchtplattform mit einem speziellen Angebot von Ersatzteilen ist denkbar.

- Internetagenten
Internetagenten sind Systeme, die Konsumenten beim Einkauf im Web beratend zur Seite stehen. Im einfachsten Falle handelt es sich hierbei um die üblichen Suchmaschinen.
Nicht immer müssen Internetagenten ein Baustein des eigenen Geschäfts oder der eigenen Nutzung der Potenziale von eBusiness sein. Es kann auch entscheidend sein, in all diesen Internetagenten (und seien es erwähnte Suchmaschinen) intelligent positioniert zu sein. Allein Sichtbarkeit und positive Außenwahrung innerhalb der vorgenannten Systeme kann Geschäftserfolg begünstigen.

Wettbewerbsvorteile ausbauen

Wettbewerbsvorteile sind Vorteile, die zwar das eigene Unternehmen hat, jedoch andere - insbesondere - Mitbewerber nicht haben. Auch über den Ausbau und die konkrete Nutzung der Wettbewerbsvorteile lassen sich erfolgreiche GFE- Ansätze finden.

Folgende Wettbewerbsvorteile sind denkbar:

- Relative Marktposition (zum Beispiel Marktanteil, Unternehmensgröße, Wachstumsrate, Rentabilität, Marketingpotenzial),
- Relatives Produktionspotenzial (zum Beispiel Innovationsfähigkeit, Know-how, Lizenzbeziehungen, Standortvorteile und Kostenvorteile in der Produktion),
- Relatives Forschungs- und Entwicklungspotenzial (zum Beispiel gute Grundlagen- und Anwendungsforschung, Innovationspotenzial der Forscher, Innovationszyklen),
- Relative Qualifikation der Führungskräfte und Mitarbeiter (zum Beispiel Qualität, Professionalität und Motivation der Führungskräfte)
- Spezialisiertes Know- how
- Besonders kompetente Mitarbeiter
- Besondere Markenwahrnehmung
- Gute und erfolgreiche Lobbyarbeit
- Hohe Partnerakzeptanz
- Gute Kundenkontakte und hohes Kundenvertrauen
- Hohe Glaubwürdigkeit am Markt
- Marktqualität (zum Beispiel Branchenrentabilität, Stellung im Marktlebenszyklus, Wettbewerbsintensität, Anzahl und Struktur potenzieller Abnehmer, Eintrittsbarrieren für neue Anbieter, Substitutionsmöglichkeiten)
- Umfeldsituation (zum Beispiel geringe Abhängigkeiten von Konjunktur, Gesetzgebung, öffentlicher Meinung und Umweltbelastungen)

Das Erkennen vorhandener Wettbewerbsvorteile selbst erzeugt nicht automatisch neue GFE- Ansätze. Der Ausbau und die Pflege von Wettbewerbsvorteilen (z.B. die offensive Werbung damit) können jedoch gleichwohl als förderlicher Faktor konkreter bereits bestehender GFE-Maßnahmen angesehen und genutzt werden.

> Erfahrung bleibt die beste Wünschelrute.
> Johann Wolfgang von Goethe

> Ich gehe öfters auch in das Lager des Feindes- nicht als Überläufer, sondern als Kundschafter.
> Seneca

> Wir konzentrieren uns auf das, was wir können, und das tun wir weltweit.
> Gerhard Cromme

Die GFE- Matrix

Die Besonderheit der GFE- Matrix liegt darin, dass sie ihrer Funktion nach ähnlich einer Schablone anwendbar ist, mittels derer ein Unternehmen die jeweils in Frage kommenden GFE- Ansätze miteinander individuell kombinieren kann. Dies ermöglicht im Schluss eine mehrdimensionale Ideenfindung. Die GFE- Matrix ist für jedes Unternehmen individuell zu entwerfen. Der besondere Reiz liegt darin, gute Ideen untereinander zu verkoppeln und miteinander in Relation setzen zu können.

> Unter den möglichen Kombinationen erweisen sich oft die als am fruchtbarsten, deren Elemente aus weit auseinander liegenden Gebieten herangezogen werden.
> Henri Poincaré

> Ich glaube, dass es Instinkt ist, was das Genie genial macht.
> Bob Dylan

> Die Zeit ist immer reif, es fragt sich nur wofür.
> François Mauriac

Folgende Matrix sei als ein mögliches Beispiel dargestellt:

	Speziali-sierung	Ausland	Web	Innovation	Nischen	Produkt-erweiterung	Transfers
Speziali-sierung		(1.Bsp)					
Ausland							
Web					(2. Bsp.)		
Innovation							
Nischen							
Produkt-erweiterung							(3. Bsp)
Transfers							

Tabelle: die GFE Matrix

Beispiele:

1. Ein etablierter deutscher Finanzdienstleister entdeckt, dass es im Land x (Ausland) noch keine Leasinggeber für hochwertige medizinische Geräte (Spezialisierung) gibt. Diese Position könnte er ausfüllen.
2. Für fast alle Anbieter gibt es die Plattform von Auktionen. Ein Spezialanbieter von alten Langspielplatten (Nische) entdeckt, dass diese Ware im Internet (Web) stark unterrepräsentiert ist. Da die Nachfrage besteht, eröffnet er einen Web-Shop „Black-Discs" und versendet seine „Oldies" europaweit.
3. Teflon wird unter speziellen Sand-Skiern (Produkterweiterung) im Dünensport wegen des geringen Reibungswiderstandes (Transfer) eingesetzt. Ein Hersteller von Wintersportgeräten nimmt sich dieser Produktidee an.

> Stabilisierung von Bewährtem und Konstanz einerseits, Flexibilität und Kreativität andererseits lassen sich nur durch die Kombination von Ordnung und Chaos erreichen.
> Hermann Simon

> Nicht vieles zu kennen, aber vieles miteinander in Berührung zu bringen, ist eine Vorstufe des Schöpferischen.
> William Blake

Die Mehrwertargumentation

Ideen und Ansätze einer GFE- Maßnahme sollten möglichst bald nach Ihrer Entstehung mit entsprechenden Mehrwertargumentationen unterfüttert werden.

Intern

Dass eine Idee und eine GFE- Maßnahme sinnvoll und zukunftsweisend ist, entspringt zunächst einem Gefühl oder einer Vermutung. Es handelt sich somit noch keinesfalls um eine differenzierte und mit klaren Argumenten fundierte Bewertung. Nicht von jeder im GFE- Verfahren involvierten Stelle, insbesondere denen des Vertriebs, des Marketings und der Unternehmensleitung kann erwartet werden, dass die Ansichten über die Sinnhaftigkeit einer GFE- Maßnahme geteilt werden.

Somit muss eine Idee oder eine geplante GFE- Maßnahme genau analysiert werden, um die Mehrwerte herauszuarbeiten und diese daraufhin darstellen zu können.
Dies sollte in möglichst knapper Form und mit weniger aber dafür stichhaltigen Argumenten erfolgen. Insbesondere die Frage nach dem Nutzwert für das Unternehmen sollte mit wenigen Stichpunkten beantwortet werden können. Im Idealfall lassen sich diese Argumente knapp auf einem DinA5- Blatt zusammenfassen.

> Es ist besser, klein zu sein und Großes zu leisten, als groß zu sein und Kleines zu leisten.
> Werbeslogan von Apple

> Das Dümmste, was ein Unternehmer machen kann, ist, seine Wettbewerber zu unterschätzen.
> Anonymus

Extern

- Für Kunden
  Extern gilt es, die Kunden davon zu überzeugen, dass ein Produkt, eine Dienstleistung oder ein Angebot Ihnen einen bestimmten Vorteil bietet. Hier ist insbesondere zu fokussieren, welcher Nutzen aus dem Produkt gezogen werden kann. Aber auch die Beantwortung der Frage, welche Nachteile eintreten könnten, sollte das Produkt nicht genutzt werden, können an dieser Stelle Mehrwertargumente sein. Weitere Mehrwerte zeigen sich bspw. auch im Imagegewinn des Nutzers, höherer Bequemlichkeit oder Sparsamkeit eines Produktes (wenig Strom, Benzin, kein Verschleiß etc.). Auch die Frage, wieso ein Produkt jetzt und nicht später erworben werden soll (sinnvoll und notwendig ist), ist zu klären.

- Für Partner und Distributoren
  Partner müssen überzeugt werden, dass eine Idee für sie lohnend sein kann. Dabei muss das Unternehmen mit dem jeweiligen Partner den Fokus ausdrücklich auf die Fragestellung hinlenken, wieso speziell mit dem eigenen Unternehmen zusammengearbeitet werden soll und welcher Nutzen/ Mehrwert dem Partner dadurch erwächst. Namentlich wenn das Unternehmen mit einem Kooperationswunsch an neue Partner herantritt, muss der vorstellbare Mehrwert der GFE- Idee für die potentielle Partnerschaft klar herausgearbeitet worden sein. Dies ist von absoluter Priorität und erfordert Sorgfältigkeit, denn im ungünstigsten Fall ist der Versuch, den Kooperationswunsch oder das Geschäftsmodell vorzutragen, einmalig und somit nicht wiederholbar. Partner sind oft ähnlich scheu wie Kunden, d.h. sie verwenden für die Beurteilung, ob ein Angebot (in diesem Fall durch einen Partner) sinnstiftend ist, nur so viel Zeit, wie entbehrlich scheint. Somit zählt- im übertragenen Sinn- der erste treffende Aufschlag mit einer stichhaltigen Mehrwertargumentation für beide Seiten.

Unique- Selling- Point

Den **Unique- Selling- Point** (USP) gilt es - sowohl im Bereich der internen wie der externen Mehrwertargumentation- herauszuarbeiten. Dabei kann die Beantwortung folgender Fragen hilfreich sein:

- Was hat mein neues Produkt (der GFE- Ansatz), das andere nicht haben?
- Welchen Vorteil biete nur ich und wieso sind andere Hersteller oder Unternehmen mit ihrem Angebot keine gleichwertige Alternative?
- Was ist das Einzigartige an meinem Produkt, was unterscheidet es von anderen Produkten und wie hebt es sich dagegen ab?
- Des Weiteren können auch der niedrigste Preis, Zuverlässigkeit, exzellente Testberichte, der größte Marktanteil, die längste Garantie, die Geld- Zurück- Garantie oder auch nur eine spezielle Funktionalität ein USP sein. Dies kann sich auch auf das Unternehmensselbstverständnis direkt beziehen: "Wir sind das <zuverlässigste>, <größte>, <alteingesessenste>,... Unternehmen."

Grundsatzfragen

Die Potenziale eines Unternehmens

Um am Markt erfolgreich zu sein, ist es sinnvoll, Dinge, die man schon sehr lange und besonders gut beherrscht, auszubauen und dazu neue Geschäftsideen zu entwickeln („Schuster bleib' bei Deinem Leisten- Prinzip").

Die Potenziale eines Unternehmens setzen sich zusammen aus den speziellen Fertigkeiten der Mitarbeiter, deren langjähriger Erfahrung wie auch dem Renommee des Unternehmens, das sich am Markt durchgesetzt hat.

Das Leistungsvermögen eines Unternehmens gibt Aufschluss hinsichtlich der Frage:

„Was trauen mir die Kunden zu?"

Vertrauen entsteht durch die systematische Pflege der Unternehmensreserven, d.h. der Kenntnisse, Fähigkeiten, Fertigkeiten der Mitarbeiter, der Wissenssammlung und Wissensverteilung in einem Geschäft.

Die Innovationskraft, das Engagement, die Kapazitäten von Infrastruktur, Maschinenpark und Personal gehören dabei ebenso zum Unternehmenspotenzial wie auch die Fähigkeit, zukünftigen Entwicklungen frühzeitig mit einem entsprechenden Angebot zu begegnen.

Durch neue Technologien, Kundenanforderungen, permanenten Wettbewerbsdruck und Mitarbeitererwartungen fühlen sich die mittelständischen Unternehmen getrieben von Veränderungszwängen. Nun diktiert auch die Finanzwelt neue Regeln: Mit Basel II[7] drohen neue Bewertungsverfahren und - kriterien. Kreditlinien, Finanzmittel für Investitionen und die Unternehmensbewertung selbst sind schon heute für viele Unternehmen des Mittelstands bereits nicht mehr erreichbar. In den nächsten Jahren aber scheinen sie in unzugängliche Ferne zu rücken.

Betrachtet man wertfrei die Hiobsbotschaften der regionalen Medien, so sprechen die Zahlen eine eindeutige Sprache. Nie zuvor gab es so viele Unternehmensschließungen im Bereich des Mittelstandes. Dies betrifft sowohl die Neugründungen wie auch alteingesessene Unternehmen. Selbstverständlich haben auch die Großunternehmen ihren Teil dazu beigetragen, dass die Finanzwelt nicht mehr die Philosophie vom "Laisser- faire" lebt.

Ob Banken oder Investoren - finanziert wird nur dann, wenn der Erfolg überzeugend dargestellt werden kann. Fundierte Planungen, klare Zukunftsperspektiven, reale Einschätzungen der Potenziale eines Unternehmens sind deshalb unabdingbar. Kein Finanzier leistet Anschubfinanzierung oder Investitionsunterstützung, wenn die Planung nicht tragfähig ist. Das Wirtschaftsroulette gehört endgültig der Vergangenheit an.

> Strategie erfordert die Integration von externen Chancen und internen Kompetenzen.
> Hermann Simon

> Für mich gibt es keine gesättigten Märkte, es gibt nur Chancen.
> Erich Sixt

---

[7] **Basel II** bezeichnet die Gesamtheit der Eigenkapitalvorschriften, die vom Basler Ausschuss für Bankenaufsicht in den letzten Jahren vorgeschlagen wurden. Die Regeln müssen gemäß der EU-Richtlinie 2006/49/EG seit dem 1. Januar 2007 in den Mitgliedsstaaten der Europäischen Union angewendet werden und finden bereits länger in der täglichen Praxis Anwendung

Umso wichtiger ist es, im Neugeschäft Finanzierungsbedarf selbstbewusst darzustellen und die Erfolgsaussichten der geplanten Maßnahmen überzeugend und fundiert zu vermitteln.

Erfolgreiches Unternehmertum setzt voraus, ehrlich und offen die eigenen Schwächen sowie die des Unternehmens zu bewerten.

Unternehmertum, vor allem in mittelständischen Unternehmen, ist und war zu jeder Zeit geprägt von folgenden wesentlichen Handlungen:

- den Markt zu beobachten,
- rechtzeitig auf Veränderungen zu reagieren
- etwas zu unternehmen
- die eigenen Fähigkeiten wie Finanzkraft, Führungskompetenz und das Potenzial des Unternehmens insgesamt zu betrachten und in die Zukunft hineinzuplanen

Dazu gehört der Mut und die Bereitschaft, konsequent Strategien auf Grundlage des realen Leistungsvermögens zu entwickeln und vor allem umzusetzen. Nicht der Markt - ob nun Konjunkturflaute oder Hype - bestimmt den Unternehmenserfolg und die Stabilität sondern vor allem das Unternehmertum selbst.

Um das eigene Leistungsvermögen beurteilen zu können, müssen bestimmte Regelwerke innerhalb des Unternehmens gegeben sein, wie:

- Planungs- und Bewertungssystematiken,
- Kennzahlenmanagement,
- Leistungssteuerung in Bezug auf Produktivität und Qualität,
- Marktbeobachtung und Chancenbewertung,
- Führung und Motivation im Unternehmen,
- Sozialbilanz und Ethik im Unternehmen,
- Mitarbeiterentwicklung,
- Tragfähige Ziele und Strategien.

Den Standpunkt zu vertreten, dies alles sei viel zu mächtig und komplex und nur für große Unternehmen und Konzerne geeignet, ist eine klare Fehleinschätzung. Diese Denkart lässt außer Acht, dass vielmehr die Konsequenz und die Qualität des Unternehmens denn dessen Größe ausschlaggebend für die Befähigung eines Unternehmens sind, sich mit diesen Themen auseinanderzusetzen.

Alle oben genannten Gedanken und Anmerkungen wirken sich auf die Durchführung von GFE aus. Basel II dient hier nur als Beispiel für eine Beeinflussung der Unternehmen von außen durch Regelwerke oder Markteinflüsse.

Die Nachfrage nach Methodik und Transparenz, die durch solche Einflüsse ausgelöst wird, kann die GFE i.d.R. nur begünstigen. Das Aufspüren von Verbesserungspotenzialen durch äußeren Druck ist der GFE wesensverwandt. Die GFE hat die Aufgabe, alle Potenziale eines Unternehmens im Zuge stetiger Veränderung zu nutzen, Umbruchsphasen auszunutzen und vor allem, die identifizierten Stärken eines Unternehmens zu erkennen und in die Entscheidungsfindung der GFE einzuarbeiten.

> Wo deine Gaben liegen, da liegen auch deine Aufgaben.
> Deutsches Sprichwort

> Glück ist meistens nur ein Sammelbegriff für Tüchtigkeit, Klugheit, Fleiß und Beharrlichkeit.
> Charles F. Kettering

Passt das Unternehmensbild

Die Wahrnehmung eines Unternehmens durch die Außenwelt, von Partnern und Kunden ist ein über viele Jahre oder Jahrzehnte gewachsener Eindruck. Geprägt wurde dieser Eindruck durch Produkte, Dienstleistungen, Marketing, Marktwahrnehmung, Mund- zu- Mund-Propaganda oder Pressestimmen in Bezug auf ein Unternehmen. GFE ist darauf ausgelegt, in kurzer Zeit neue Geschäftsfelder zu erschließen, Unternehmensziele zu erweitern oder abzuwandeln. Dies kann ebenso Auswirkungen auf die zukünftige Außenwirkung eines Unternehmens haben. Hier muss die Konvergenz von Strategie und Fremdwahrnehmung überprüft werden. GFE- Maßnahmen, die geeignet sind, das Unternehmensbild nach außen nachhaltig zu verändern, sind sorgfältig hinsichtlich möglicher Konsequenzen abzuwägen.

Die Aufnahme intensiver GFE- Bemühungen prägt zudem maßgeblich das Markenempfinden der Kunden und damit die Marktchancen der nächsten Jahre. (Bsp.: Kaffeeröster verkauft fortan auch andere Konsumgüter, bis hin zu Reisen, Handys und Versicherungen).

Um Vorbehalte gegen GFE- Maßnahmen von vornherein zu reduzieren, sollten Akzeptanzmaßnahmen durchgeführt werden. Hier geht es darum, sehr früh Aufklärungsarbeit zu leisten, interne Entscheider aber auch Kritiker mit guten Argumenten zu überzeugen und diese auf die eigene Seite zu ziehen.

Machbarkeit

Eine Meinungsabfrage im Unternehmen und bei allen wohlwollenden Stellen hinsichtlich der GFE- Maßnahme kann helfen, die Einschätzung hinsichtlich Erfolg, Risiken und Machbarkeit abzurunden. Mögliche Umsetzungsrisiken und Probleme können oft von externen und so weniger involvierten Betrachtern objektiver eingeschätzt werden und wertvolle Impulse bringen. Solche Orientierungsgespräche sollten jedoch selbstverständlich nur mit Personen geführt werden, die sich der GFE- Idee nicht habhaft machen können, um daraus eigenen Nutzen zu ziehen. Andererseits sollten in erster Linie „Verantwortliche" befragt werden, da Meinungen der Basis nur in großer Zahl aussagekräftig sein können.

Aufwandsabschätzung

Ziel der Aufwandsabschätzung über die nachfolgenden Jahre ist es, zu ermitteln, welche Aufwände im Bereich Marketing, Entwicklung, Vertrieb und anderen Bereichen erforderlich werden. Diese Abschätzung ist notwendig um zu kalkulieren, ob die GFE- Maßnahme wirtschaftlich ist, ob die Maßnahme die Einbindung weiterer Unternehmenseinheiten erfordert und welche personellen Ressourcen wann zur Verfügung stehen sollen. Diese Abschätzung sollte auch planerisch festgehalten werden, um im Nachgang die tatsächlichen Aufwände gegenüberstellen zu können.
Eine solche Einschätzung ist daher immer mit der internen Controllingabteilung zu erörtern.

Die Investition

Jeder GFE- Ansatz erfordert wirtschaftliches Engagement.
Allein die Funktion des GFE- Verantwortlichen zu implementieren erfordert einen wirtschaftlichen Einsatz. Jede Ressource im Bereich Personal bedingt auch eine entsprechende Kalkulation mit den steigenden Gemeinkosten. Wichtiger ist es jedoch, die möglichen Aufwände in den eigentlichen Bereichen der Wertschöpfung zu planen.

Insbesondere gilt das für die Bereiche:

- Fertigung (z.B. Umrüstkosten, anderes Material, etc.)
- Marketing (Neue Strategie? Spezielle Maßnahmen? Teure Werbung?)
- Vertrieb (Schulung und zusätzlicher Ressourceneinsatz im Vertrieb)
- Distribution
  (Anpassen der Lieferkette, Versand, factory-outlets)
- Patente (bei Patentanmeldungen)
- Innere Verrechnung und Gemeinkosten
  (mittelbar durch zusätzlichen Ressourceneinsatz)

So können Maßnahmen der GFE zu fühlbaren Aufwandsblöcken werden. Eine GFE- Maßnahme erfordert wirtschaftliches Engagement und finanziellen Einsatz. Dieser Einsatz muss vom Unternehmen, von der Unternehmensführung und den einzelnen Abteilungen grundsätzlich befürwortet und mitgetragen werden.

Zu unterscheiden ist der Aufwand, der zur Einführung einer GFE -Position erforderlich wird, von dem, der bei der Verwirklichung von GFE- Ideen anfällt. Die Amortisation einer konkreten GFE- Maßnahme kann i.d.R. noch gut geplant, kalkuliert und in eine Amortisationsbetrachtung eingestellt werden. Die GFE- Position selbst ist eher eine Zukunft sichernde Investition, die daher keiner kurzfristigen Amortisationsbetrachtung gegenübergestellt werden sollte.

> Ich habe niemals an Erfolg geglaubt. Ich habe dafür gearbeitet.
> — Estée Lauder

> Aus nichts wird nichts.
> — Lucretius

Die Rolle der Marktanalyse

Kann ein GFE- Ansatz erfolgreich sein, bietet er Kunden einen Mehrwert und ist der kalkulierte Marktpreis konkurrenzfähig? Wie sieht der Mitbewerb aus? Welche Absatzprognosen sind für die kommenden Jahre realistisch? Diese und weitere Fragen entscheiden über Akzeptanz und wirtschaftlichen Erfolg eines GFE- Ansatzes am Markt.

Ideen alleine nutzen nichts. Ideen dürfen nicht alt sein, sie müssen realistisch und umsetzbar sein.
Um diese Voraussetzungen zu beurteilen, müssen Informationen zum Mitbewerb, zum Markt und zum Kundenpotenzial vorhanden sein. Diese Informationsbeschaffung macht fundierte Marktanalysen erforderlich, die aber innerhalb des Bereiches GFE meist nur sehr schwer umsetzbar sind.

Dieser Umstand liegt darin begründet, dass meist weder ausreichend Budget für eine dezidierte Marktanalyse zur Verfügung steht noch, die zu untersuchenden Faktoren (Produkt, Zielkunden, Mitbewerber) ausreichend konkret bestimmt werden können.
Die ersten Schritte eines GFE- Ansatzes sind daher sowohl geprägt vom schon viel zitierten Pioniergeist, von ersten Vermutungen und nicht zuletzt dem Wunsch, ungefährdete Anhaltswerte zu bekommen. So scheidet die Durchführung einer konventionellen Marktanalyse aus.

> Guter Rat ist teuer. Schlechter auch.
> Hermann Simon

> Aber wer klug ist, lernt fürwahr von dem Feinde gar vieles.
> Aristophanes

> Die Konkurrenten sollte man nicht kopieren, sondern kapieren.
> Anonymus

Um sich als GFE- Verantwortlicher mittels "Bordmitteln" zeitnah und ohne große Aufwände zumindest einen groben Überblick verschaffen zu können, sollten zumindest die Wesentlichen Techniken der Marktanalyse bekannt sein.

Wie schon mehrfach ausgeführt, ist es für den tatsächlichen Erfolg eines Unternehmens von großer Bedeutung über fundiertes Wissen hinsichtlich Nachfrage, Wettbewerb, Chancen sowie Risiken auf dem Markt, Potenziale und Trends zu besitzen.

Dabei ist es unerheblich, ob es sich um etablierte oder noch in den Anfängen befindliche Unternehmen, Marketingabteilungen, den Vertrieb oder die Unternehmensentwicklung handelt. Nur aktuelle Marktinformationen können und dürfen legitim über zu treffende Entscheidungen bestimmen.

> Die beste Sprache ist immer jene des Kunden.
> Anton Fugger

> Unseren Feinden haben wir viel zu verdanken.
> Oscar Wilde

Vorausgesetzt, dass die an allem Beginn stehende Idee Anklang gefunden hat geht es nun über in die Phase der Ausarbeitung. Genauer gesagt in das konkrete weitere Vorgehen, dessen Ergebnis dann die Marktanalyse sein wird. Zunächst werden die Fragen „Was?" und „Wem?" geklärt.

Hier wird aufgedeckt, welches Produkt/ Dienstleistung an welche Zielgruppe verkauft wird und ob diese finanziell in der Lage und daran interessiert ist, auf Dauer Kunde zu sein (BSP, Haushaltsplan der Region, Sparquote). Dann folgen Fragen nach dem „Wie?". Hier geht es anschließend um die Frage, auf welche Art und Weise das Produkt verkauft werden soll. Sodann folgt mit „Wie viel?" die Beschreibung und Realisierbarkeit einer Verkaufs- und Umsatzprognose und zu guter Letzt mit der Frage nach dem „Wo?" die nach dem abgesteckten Markt und dessen Potenzial.

Die Beantwortung der eben skizzierten Fragestellungen erfolgt einerseits mit Hilfe des gesunden Menschenverstandes und andererseits mittels bereits vorliegender Dokumente, Beobachtungen, Feststellungen, Nachforschungen und Befragungen neutraler Personen.

Dies erscheint auf den ersten Blick sehr kompliziert und teuer - und damit oftmals zu Unrecht abschreckend Denn eine systematische Marktanalyse muss weder teuer noch übermäßig zeitintensiv sein:

- Es können einfache Fragebogenaktionen durchgeführt werden. Zur Befragung zu einem neuen Produkt bietet sich beispielsweise die von Bestandskunden an.

- Genauso können Produkte verschenkt oder verliehen werden. Die Begünstigten geben erfahrungsgemäß bereitwilliger Auskunft über Ihren Zufriedenheitsgrad und zukünftiges Interesse.

- Testmärkte: Eine Firma kann ein regionaler Testmarkt sein, wie z.B. für ein Getränk. Eine Woche Freigetränk für die Mitarbeiter mit anschließender Mitarbeiterbefragung ist eine fast kostenlose Marktstichprobe.

- Eine Auswahl von Studenten wird mit einem Produkt konfrontiert und anschließend werden Meinungen eingeholt und ausgewertet

- Über das Internet werden Stichwort- Suchen zum Mitbewerbspotenzial durchgeführt. Die vielfältigen Ergebnisse wie z.B. Testergebnisse, Werbebotschaften, Kundenäußerungen, Preisangaben etc. liefern nahezu kostenlos wertvolle Informationen

- Preisinformationen vergleichbarer Produkte können als repräsentativer Querschnitt aus dem Internet entnommen werden. Diese Informationen können mit eigenen Vorstellungen und Kalkulationen verglichen werden.

- Technische Daten, Materialeigenschaften von Mitbewerbsprodukten etc. können aus Produktblättern oder dem Internet entnommen werden. Qualitative Gegenüberstellungen sind somit einfach.

> Wer darauf besteht, alle Faktoren zu überblicken, bevor er sich entscheidet, wird sich nicht entscheiden.
> Henri-Frédéric Amiel

> Guter Rat mag teuer sein. Aber nicht jeder teure Rat ist gut.
> Karl-Otto Pöhl

Solche Recherchen und Erhebungen müssen trotzdem gut vorbereitet sein und bedürfen einer gewissenhaften Analyse. Dieser Aufwand lohnt, insbesondere können vergebliche Aufwendungen und Rückschläge vermieden werden. Teuer müssen diese Erhebungen dennoch nicht sein.

Auch die schwierigste und gleichzeitig auch wichtigste Frage: „Wie kommt mein Produkt an, gibt es ausreichend Nachfrage und welche Rolle spielt der Mitbewerb?" muss beantwortet werden. Hier gibt es eine nüchterne Erkenntnis: „ Belastbare neue eigene Marktanalysen, die genau diese Fragen beantworten, sind für einen Mittelständler im Verhältnis Kosten/ Ergebnis extrem teuer und unwirtschaftlich. Dazu selten sehr exakt und informativ. Zu hypothetisch sind die Annahmen und zu vage die Analyseergebnisse. Eine Befragung von Experten im eigenen Unternehmen oder im Umfeld der anderen Marktteilnehmer, von Interessenverbänden, Kammern etc. kann hier oft eher zu aufhellenden Ergebnissen führen."

Wichtig ist es anschließend, diese Erkenntnisse zu dokumentieren und vor dem eigenen unternehmerischen Hintergrund zu bewerten.

Gleichwohl seien noch weitere Gedanken zur Marktanalyse erlaubt. Insbesondere die Leser mit besonderem Interesse an Markt- und Umfeldanalyse können im Nachfolgenden noch Impulse erwarten.

In Anbetracht der wachsenden Dynamik und Komplexität des Unternehmensgeschehens kommt der Marktauftrittsplanung als wesentlicher Bestandteil der Unternehmens- Planung eine immer größere Bedeutung zu. Der engere Begriff der Marketingplanung bedeutet in diesem Zusammenhang:

„... das systemische und rationale Durchdringen des künftigen Markt- und Unternehmensgeschehens mit dem Zweck, daraus Richtlinien für das Verhalten im Marketingbereich abzuleiten" [8]

---

[8] Nieschlag et al. 1997/871

Begreift man so die Marketing- Planung im Sinne einer Analyse als gleichermaßen Informationen aufnehmenden, verarbeitenden sowie willensbildenden Prozess, dann lassen sich verschiedene logisch voneinander differenzierbare Phasen unterscheiden:

- Erfassung der gegenwärtigen Marktsituation des Unternehmens durch *Marktanalyse* bzw. *Marktbeobachtung*

- Abschätzung der voraussichtlichen Entwicklung im Rahmen einer *Marktprognose*

- Festlegung der *Marketing-Ziele*

- Entscheidung über *Marketing- Wege*, z.B. Wahl zwischen allgemeinem Marketing und Direktmarketing (Direct- Mail, Telefon- bzw. Faxmarketing, Couponanzeige)

Im Rahmen der Marketingplanung kommt der Marktanalyse als Teil der strategischen Situationsanalyse insbesondere ein hoher Stellenwert zu, da unter der Anwendung dieses Verfahrens der Marktzustand zu einem bestimmten Zeitpunkt untersucht werden kann. Somit spezifiziert und definiert sich der Gegenstand der Marktanalyse als

„... systemische Erfassung aller interessierenden Sachverhalte über die gegenwärtigen und potentiellen Marktpartner einer Unternehmung [...]. Man bemüht sich dabei insbesondere darum, umfassende Informationen über Struktur und Entwicklungstendenzen der Marktteilnehmer zu gewinnen"[9]

---

[9] (Nieschlag et al. 1991/ 862)

Grundlagen für die Erstellung von Marktanalysen (und Marktbeobachtungen) im Rahmen der Marketingplanung sind hierbei:

- Informationen über gesamtwirtschaftliche Größen, wie z.B. die Entwicklung des Bruttosozialproduktes, der Sparquote, der Haushaltspolitik von Bund, Ländern und Gemeinden, das Auslandsverhalten etc.

- Brancheninformationen, z.B. die Zahl der Beschäftigten, die Auftragslage, Investitionen, Rohstoffbezüge, Energieverbrauch

- Informationen über die betriebliche Marktlage und Entwicklung, z.B. Nachfrageanalysen, insbesondere die potenzielle Nachfrage, Bedarfsgebiete, Einwohnerdichte

- Informationen über das Konkurrenzverhalten, wie z.B. das Marktverhalten oder die Marktanteile des Konkurrenten, die Reaktion des Wettbewerbers auf die eigene Werbepolitik

- Information über Reaktion staatlicher Instanzen, wie z.B. Maßnahmen gegen aggressive Preispolitik, Kartellgesetzgebung, Einfuhr- und Umsatzsteuerfestlegung

> If we do not take care of the customer...somebody else will...
> Plakat einer amerikanischen Firma

Die Marktanalyse ist demnach ebenso wie die Marktbeobachtung ein Mittel der Marktforschung.

Während die Marktanalyse den Marktzustand/ die Marktsituation punktuell zu einem bestimmten Zeitpunkt im Sinne einer Zeitpunktbetrachtung darstellt, verfolgt die Marktbeobachtung die Veränderung und Entwicklung des Marktes längerfristig und liefert umfassendere Informationen hinsichtlich Wandlungen und Entwicklungstendenzen des Marktablaufes. Die Marktanalyse zusammen mit der Marktbeobachtung dient in der Summe zur Erstellung einer Marktprognose (Vorhersage).

Zur Erstellung einer Marktanalyse können interne Daten (Produktionskosten etc.) oder auch externe Daten (makroökonomische Trends) herangezogen werden.

Interessante und dazu erfassende Rahmeninformationen sind die folgenden:

- Preisentwicklungen

- Marktvolumen/ Marktentwicklung

- Marktwachstum

- Marktstrukturierung nach Teilmärkten
    - nach Regionen/Ländern
    - nach Produktgruppen
    - nach Kundentypen (z. B. ABC-Kunden)
    - nach Vertriebskanälen

- Konkurrenzanalyse

- eigener vs. fremder Marktanteil

- Produktlebenszyklusanalyse

- Ausgestaltung weiterer Marketingmittel

Zur Erfassung der Daten findet sowohl die Primärmethode/ Primärerhebung wie auch die Sekundärmethode/ Sekundärerhebung Verwendung.

Die Primärerhebung wird dabei als eine Methode der Marktforschung genutzt, um neue bisher noch nicht erfasste Marktdaten zu erheben.
Sie wird anhand der Datenerhebungsinstrumente:

- Befragungen (z. B. telefonisch, persönlich, schriftlich)
- Beobachtungen (z. B. Feldbeobachtung, Laborbeobachtung)
- Experimenten/ Tests (z. B. Labortest, Markttest, Warentest, Studiotest etc.)

durchgeführt.

Dabei werden Informationen am Ursprungsort erhoben. Der Definition nach ist unter einer Primäranalyse die „...zielgerichtete und ursprüngliche Datenerhebung zu einem Themenschwerpunkt zu verstehen. Die Daten (bzw. Informationen) werden durch eigene Erhebungen auf der Grundlage der interessierenden Fragestellung gewonnen" [10]

Bei der Sekundärforschung werden hingegen weder eigene Untersuchungen angestellt noch eigene Befragungen durchgeführt. Vielmehr greift man auf vorhandene, teilweise verdichtete Daten zurück. Dies können sowohl betriebsinterne (Kostenrechnung) wie auch betriebsexterne (Zeitungsberichte) Unterlagen sein.

> Zwischen zu früh und zu spät liegt immer nur ein Augenblick.
> Franz Werfel

Führen Sie Maßnahmen im Bereich der Marktanalyse nur in Bereichen und mit Personen im Unternehmen oder extern durch, so dass innovative Ideen nicht durchlässig zum Mitbewerb sind. Die Gefahr, dass gute Ideen gestohlen werden, ist überall präsent.

---

[10] (aus: Ulrich von Alemann (Hrsg.): Politikwissenschaftliche Methoden- Grundriss fürs Studium und Forschung, 1995/ 373).

Die "Alles- Klar- Matrix"

Bei der „Alles-klar-Matrix" handelt es sich um eine einfache Checkliste, die ausloten soll, ob bei der Umsetzung eines neuen GFE- Ansatzes tatsächlich an alles gedacht wurde. Eine solche Matrix ist für den Einzelfall, also jedes Unternehmen individuell, zu erstellen. Sie unterliegt keinen speziellen Regeln und ist in etwa vergleichbar mit einer Checkliste, wie man sie bspw. vor dem Antritt des Sommerurlaubs erstellt (Sonnencreme, Pass, Reiseschecks etc. eingepackt?)

Innerhalb der Unternehmensdimensionen und -abteilungen müssen die zu prüfenden Fragen aufgelistet sein.

Die Liste der Dimensionen sollte nach eigenem Ermessen erweitert werden. Dies kann dann z.B. wie folgt aussehen:

Dimension	1. Check-Punkt	2. Check-Punkt	3. Check-Punkt	4. Check-Punkt	5. Check-Punkt
Wertschöpfungskette	Kann mein Vertrieb das neue Produkt verkaufen?	Kann ich es installieren, ausliefern, produzieren?	Stimmen meine Distributionsprozesse für das neue Produkt?	Habe ich den richtigen Preis gefunden?	Kann ich die „Nach- dem-Verkauf" Phase leisten? z.B. Gewährleistungsfälle abwickeln?
Fertigkeiten	Kann mein Marketing überzeugend vermarkten?	Ist die Entwicklungsphase professionell gelaufen?	Passt meine Produktion zu dem Produkt?	Sind Umrüstungskosten akzeptabel?	Haben meine Mitarbeiter die spezielle Befähigung zur Herstellung, zum Vertrieb?
Rechtliche Position	Verletze ich Namens- oder Lizenzrechte?	Ist das Produkt legal?	Hat das Produkt Gefährdungspotenzial?	Ist das Produkt schützenswert? (Patent ?)	Lässt es ich im normalvertraglichen Rahmen verkaufen? (Sondergenehmigung?)
Akzeptanz	Hat unser Unternehmen Akzeptanz am Markt für das Produkt?	Tragen die Mitarbeiter das Produkt?	Ist das Produkt dauerhaft marktfähig?	Ist das Produkt anstößig?	Hat das Produkt Potenzial zur „Marke"?
Betriebswirtschaftliche Sicht	Wie hoch sind die Anschubkosten?	Welchen Produkt Life-Cyle erwarte ich?	Biete ich marktfähig an?	Wie ist die Zukunftsprognose Erlös–Kosten ?	Wie viel Deckungs-beitrag erwirtschaftet das Produkt?
Markt-Sicht	Kenne ich den Mitbewerb?	Kenne ich meine Alleinstellungsmerkmale?	Habe ich einen optimalen Vertriebsweg?	Wie sieht der Markt in 5 Jahren aus?	Kenne ich das Nachfragepotenzial?

Tab.: Die GFE Alles-Klar-Matrix ist für jedes Unternehmen individuell zu entwickeln

Organisation und GFE

Jeder mittelständische Betrieb wie auch jeder Konzern beschäftigt sich in heutigen Tagen notwendigerweise bereits mit der Zukunftsfähigkeit seines Unternehmens. Inwieweit diese Aufgabe organisiert wahrgenommen wird, diese Aufgabe als eigenständiger Teil der Organisation installiert ist oder hierzu auch dezidierte Verantwortliche benannt sind, ist vorerst zweitrangig. Wichtiger ist, dass diese existierenden und von der Aufgabe überzeugten Stellen in alle weiteren geplanten Schritte zur Einführung einer „installierten" GFE eingebunden sind und somit vorhandene Erfahrungen genutzt werden.

Wo aber ist GFE innerhalb der Unternehmensstruktur anzusiedeln und zu verankern? Grundsätzlich bieten sich verschiedene Möglichkeiten, GFE innerhalb eines Unternehmensorganigrammes zu etablieren.

> Zwei Kapitäne bringen ein Schiff zum Sinken.
> Türkisches Sprichwort

GFE als Stabstelle

Da die GFE- Funktion sowohl den zukünftigen Unternehmenserfolg, die Außenwahrnehmung des Unternehmens, die Verwendung von Ressourcen sowie die Unternehmensziele zu verändern vermag, sollte grundsätzlich die Unternehmensleitung über die Tätigkeiten und Ziele der GFE im Unternehmen informiert sein.

Da die Unternehmenslenker auch für die strategischen Richtlinienkompetenzen des Unternehmens verantwortlich sind, sollte von dort auch der Ziel- und Handlungs- Korridor, in dem sich GFE bewegen soll, mit allen Vorgaben, Rahmenbedingungen, Ermächtigungen, Ressourcen aufgezeigt werden. Eine Stabsstelle GFE erfordert zudem ein regelmäßiges (mind. monatliches) Reporting an die Unternehmensleitung in Form eines „GFE-Newsletters". Inhalt dieses Reportings umfasst Erreichtes, Fehlschläge, nächste Schritte sowie den zukünftigen Ressourcenbedarf.

Unabdingbar ist der erklärte Wille der Unternehmensleitung, in alle Weichenstellungen der GFE lenkend einzugreifen. Die vorgenannten Anforderungen gebieten kurze Abstimmungswege, die bei der Etablierung der GFE in einer Stabsstellenfunktion zur Geschäftsführung gegeben wären.

> Ein Hauptzug aller Pädagogik: unbemerkt führen.
> Christian Morgenstern

Inwieweit einer Stabsstelle wiederum ein Kompetenzbereich eingeräumt wird, sei dem Ermessen der Unternehmensführung zugebilligt. Grundsätzlich sollte als Faustregel mind. 1% der Belegschaft für Zukunft sichernde Maßnahmen zur Verfügung stehen. Somit könnte ein Unternehmen mit 1000 Mitarbeitern durchaus von 10 Mitarbeitern (ggf. mit einem Hauptverantwortlichen) zu „neuen Ufern" getrieben werden, ohne dass dieser Bereich allzu üppig und ineffizient „bestückt" wäre. Wohlgemerkt ist hier die Rede von strategischer GFE. Nicht umschlossen dabei ist der eigentliche Bereich Forschung und Entwicklung. Natürlich ist auch zu berücksichtigen, inwieweit im Marketing oder im Vertrieb eines Unternehmens schon tätigkeitsverwandte Aufgaben wahrgenommen werden. In diesen Fällen kann die Stärke des GFE- Teams gegebenenfalls auch geringer ausfallen.

De- Zentralisiert

In Unternehmen, die in ihren Aufgaben hoch diversifiziert arbeiten, kann eine zentrale GFE nicht nahe genug an die einzelnen Bereiche, Ziele und deren Tätigkeiten heranrücken oder gekoppelt sein. In diesen Fällen macht es Sinn, abteilungsweise GFE zu betreiben. Insbesondere technologiegetriebene Unternehmen vertreiben oftmals so spezielle Produkte, dass diese in ihrem Zukunfts- und Veränderungspotenzial und in dem Wissen, das nötig ist, um weiterführende Ideen zu entwickeln, nur Mitarbeiter einsetzen können, die sehr gut „im Thema" sind. Hier stellt sich die Frage, ob Mitarbeiter zu 100% für eine Tätigkeit der GFE freigestellt werden oder ob diese Aufgabe als eine Art Zusatzfunktion und „Ehrenamt" vorgesehen wird. Hier ist mit Sicherheit die erste Alternative immer vorzuziehen, da ansonsten die ernsthafte Aufgabenwahrnehmung in Frage gestellt werden muss.

Von besonderer Relevanz ist es, dass auch bei dezentralem GFE eine unternehmensübergreifende, koordinierende und kontrollierende Stelle vorhanden ist. Außerdem sollte ein (zumindest) mittelbares Reporting an die Unternehmensleitung gewährleistet sein. Die elementare Anlaufstelle der GFE sollte Fortschritte und Probleme, aber vor allem Ideen aus den Bereichen als Medium konsolidieren, um sie im Anschluss in unternehmensweitübergreifender und konsolidierter Form der Unternehmensleitung verwertbar zur Verfügung stellen zu können. Auch in Fällen einer dezentralen GFE darf auf das Reporting keinesfalls verzichtet werden. Allerdings dürfen Informationen und Reports der dezentralisierten GFE nie beim nächst höheren Vorgesetzen versickern. Um dieser Gefahr zu entgehen, ist es daher unabdingbar, immer zumindest das erweiterte Management zu informieren.

Service- Einheit

Denkbar ist auch eine Bereitstellung der Dienstleistung „GFE" als Serviceeinheit innerhalb eines Unternehmens. Dieser Service beinhaltet sowohl die Prüfung eines Unternehmensbereiches auf Zukunftsfähigkeit, bietet darüber hinaus Ratschläge, sich im eigenen Geschäftsfeld zu entwickeln. Diese Dienstleistung sollte jedoch in jedem Fall als verpflichtende Inanspruchnahme konzipiert werden, d.h., dass eine freiwillige Inanspruchnahme ausscheidet. Jeder Geschäftsbereich muss in diesem Fall den „Service" in einem gewissen Turnus nutzen. So kann eine unternehmensweite homogene Entwicklung sichergestellt werden.

Die Vorteile der GFE durch eine eben beschriebene Service- Einheit mögen hier in den überschaubaren Kosten und im unternehmenseinheitlichen Konzept zu finden sein. Diese Form der GFE-Institutionalisierung in einem Unternehmen sollte jedoch nur dann gewählt werden, wenn die Gefahr nicht darin besteht, dass die Produkte und Dienstleistungen dem Zuständigen zu komplex vorkommen. Eine kurze „Eindenkzeit" in einen Geschäftsbereich muss tatsächlich realistisch sein.

Via Job- Enlargement

Grundsätzlich stellt es sicherlich den Idealfall dar, wenn viele Mitarbeiter des Unternehmens in der Lage sind, neue Ideen für mehr Geschäft, neue Produktansätze etc. im Sinne der Unternehmensidee beisteuern zu können. In dem Fall kann einzelnen Mitarbeitern aus Unternehmensbereichen das Ehrenamt eines „GFE- Beauftragten" angetragen werden. Beachtung muss jedoch der Umstand finden, dass in allen Fällen, in denen eine Zusatzaufgabe übertragen wird, Motivation und Anreiz ohne Zweifel ein vordringliches Thema ist. So ist ein Mitarbeiter mit einer Prämie vor Augen ohne Frage motivierter, eine Idee weiterzugeben, als ein Mitarbeiter, der sich bspw. ohnehin über seinen Vorgesetzten ärgert und diesem auch keine „fremden Federn" gönnt.

Die Verankerung via Job-Enlargement in diesem Sinne ist wesensverwandt mit der Idee des betrieblichen Vorschlagswesens. Im einfachsten Fall ist die Installation eines Ideenbriefkastens (auch als Web-Applikation) denkbar.

Externe Wahrnehmung der GFE

Eine überlegenswerte Alternative ist es, externen Beistand zu Fragen der GFE und der Unternehmensinnovation zu bemühen. Allerdings sprechen erfahrungsgemäß häufig zu standardisierte pauschalisierte Ratschläge, mangelnde Unternehmenskenntnis und fehlende Stetigkeit einer derartigen Beratung dagegen. Angeraten sei daher eine Mischung aus externer Beratung gepaart mit ausdrücklicher Einbindung interner Experten wie auch Verantwortlichen. Diese erscheint sowohl immer denkbar wie auch sinnvoll und ist ein probates Mittel, Betriebsblindheit mit überschaubaren Kosten vorzubeugen.

Teil- Linie

Die Idee der Stabstelle, des Job-Enlargements, und des dezentralen GFE können natürlich sinnvollerweise auch kombiniert werden. So kann ein Mitarbeiter jeweils eines Abteilungsleiters als Stabsstelle mit Aufgaben der GFE betraut werden. So kann durch jeweilige zeitnahe Überwachung des Vorgesetzten die Initiative des GFE- Beauftragten sichergestellt werden. Zudem ist die Nähe zum Produkt oder zum Geschäftsbereich gegeben. Eine mittelbare Berichtslinie zur Unternehmensleitung ist zu installieren.

Verbindung mit Vertrieb/ Marketing etc.

Wie bereits an früherer Stelle umrissen, hat die Aufgabe der GFE eine starke Nähe zum Vertrieb oder zum Marketing inne.

Die Verzahnung mit Marketing und Vertrieb sowie anderen Bereichen ist von besonderer Relevanz, weil:

- der Vertrieb neue Produkte transportiert und den Markt kennt
- das Marketing mit professioneller Aufmachung und Verbindlichkeit flankiert
- die Produktion Versprechungen umsetzen und die Produktqualität gewährleisten muss
- das Controlling sicherstellen muss, dass neue Initiativen im Kosten/ Nutzen Verhältnis bleiben
- der Servicebereich für Qualität und Wartbarkeit die Konsequenzen übernehmen muss
- die Rechtsabteilung im Sinne der Firma Verantwortung zeigen muss, wenn es unerwartete Klagen oder Beschwerden gibt

Grundsätzlich ist nichts gegen eine Ansiedlung der Aufgabe in nur einem Unternehmensbereich vorzubringen. Es sollte jedoch sichergestellt werden, dass unternehmensübergreifende Interessen berücksichtigt bleiben.

Die Ziele der GFE

Um zielgerichtete GFE betreiben zu können, sollten möglichst eindeutige und messbare Ziele definiert werden. Diese können sowohl harte monetäre wie auch weiche Erfolgskennzahlen berücksichtigen. Da sich GFE in mehreren Dimensionen unternehmerischen Handelns bewegt, sind die GFE- Ziele ebenso differenziert zu bestimmen und sollten sich in punkto Planungszeitraum und Planungsebene entsprechend voneinander unterscheiden.

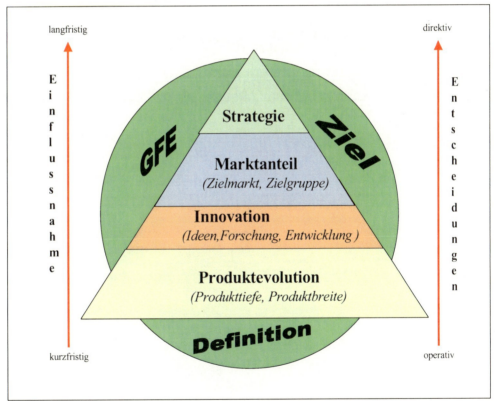

Abb.: Die Zielpyramide der Geschäftsfeldentwicklung

Je nach Wirkungsfeld der GFE- Maßnahmen können Ziele kurzfristiger oder langfristiger Natur sein.

Je strategischer ein Ziel ist, desto langfristiger sollte das Ziel geplant und verfolgt werden. Da zur Umsetzung strategischer Ziele häufig direktive Entscheidungen der Unternehmensleitung getroffen werden müssen, ist diese schon in der Phase der Zielerarbeitung einzubeziehen.

> Es gibt keinen günstigen Wind für den, der nicht weiß, in welche Richtung er segeln will.
> Wilhelm von Oranien- Nassau

> Erfolgsregel: Ich jage nie zwei Hasen auf einmal.
> Otto von Bismarck

> Wer zu viele Eisen im Feuer hat, dem werden einige kalt.
> Anonymus

Je operativer hingegen ein Ziel ist, desto mehr hat die Abstimmung auch an der operativen Basis zu erfolgen. In diesem Fall heißt das nicht Ausschluss der Unternehmensleitung in den Abstimmungsfragen sondern vielmehr die zusätzliche Koordination hinsichtlich der Basis plus derer mit den übergeordneten Stellen.

Aus der Natur der unterschiedlichen Zielebenen ergibt sich hier, dass es wenige strategische Ziele geben sollte, eine erhöhte Anzahl operativer Ziele jedoch durchaus möglich und sinnstiftend ist. Strategische Ziele werden grundsätzlich langfristiger geplant als kurzfristige Ziele.

Beispiele:

- Ein Hersteller von Erwachsenen- Schuhen nimmt nunmehr auch die Produktion von Schuhgrößen bis hin zu Größe 35 (ältere Kinder) auf (-> Produktevolution).
  Ziel:
  Bis Ende des Jahres die Produktion von 2000 Schuhen dieser Art abgeschlossen und abgesetzt zu haben. Dieses Ziel könnte man auch zusätzlich mit Gummistiefeln, Einlegesohlen aus Leder etc. verfolgen.

- Derselbe Hersteller von Schuhen nimmt sich die Entwicklung einer besonderen Oberflächenversiegelung vor, die die Haltbarkeit der Schuhe verlängert
  (-> Innovation).
  Ziel:
  Innerhalb von 2 Jahren die Forschung an dieser Versiegelungsart zur Produktreife führen und am Ende des 3 Jahres 20% der verkauften Schuhe mit dieser Oberfläche auszustatten.
  Ein solches Entwicklungsprojekt wäre im gleichen Zeitraum auch für die Entwicklung einer besonders laufleisen Schuhsohle denkbar.

- Innerhalb von 5 Jahren soll diese Art der Schuhversiegelung 10% Marktanteil im deutschsprachigen Raum im Bereich des Sportschuhmarktes erobern (-> Marktanteil-Vergrößerung).
  Ziel:
  Im Zielmarkt Deutschland, Österreich, Schweiz die Zielgruppe der Sportler adressieren und hier eine Summe xx-Millionen Umsatz generieren. Viele ähnlich ambitionierte Ziele könnten die Leistungsfähigkeit des Unternehmens beeinträchtigen.

- Aufbau einer eigenen Markenwahrnehmung innerhalb von 7 Jahren, die auf der neu entwickelten Oberflächenversiegelung aufbaut (-> Strategie).
  Ziel:
  Patentierung der Idee, Definition einer eigenen Produktlinie mit einem eigenen Namen, der sich im Markt entsprechend durchsetzt und einen durch Marktuntersuchung nachweisbaren Wiedererkennungswert besitzt. Dieses ambitionierte Ziel wird vermutlich das Einzige dieser Relevanz, Tragweite und Ressourcenbindung sein können.

Zielerreichungen können durch Kennzahlen (neudeutsch: Key Performance Indikatoren [KPI] messbar gemacht werden. Zu jedem Ziel sollte daher ein oder mehrere KPI definiert werden.

> Der Chef muss geistige Vorhut sein.
> Hermann Simon

Kennzahlen oder Key Performance Indicator (KPIs)

Zweckvoll wäre es, wenn die GFE ein eigenes Berichtswesen etablieren würde. So lässt sich einerseits der Fortschritt des Neugeschäfts transparent machen und leicht verfolgen, andererseits könnte die Wirksamkeit einzelner Maßnahmen zeitnah und somit effizienter bewertet werden. Da in der GFE nicht immer nur kaufmännische Kennzahlen eine Rolle spielen, ist auch die Berücksichtigung so genannter „weicher", d.h. nicht-monetärer Faktoren von Relevanz. Das eingerichtete Berichtswesen dient weiterhin gleichermaßen als ein Nachweis der GFE- Aktivitäten gegenüber dem Management.

Dem Berichtswesen geht jedoch vorerst die Definition der entsprechenden Kennzahlen voraus.

Nachstehend sind an dieser Stelle einige Beispiele für KPIs aufgeführt:

- Anzahl der Neu- Produkte in einer Periode
- Umsatz (absolut) im GFE- Bereich
- Umsatzsteigerung (relativ) im GFE- Bereich
- Bekanntheitsgrad der neuen Produkte (durch Befragung)
- Marktstudienergebnisse zu den neuen Produkten
- Anzahl Rückmeldungen aus Direct- Mailings
- Anzahl Kundentermine und Kontakte (zählbar nur bei hochwertigen Gütern)
- Anzahl Presseveröffentlichungen zu dem Produkt (z.B. Testergebnisse)
- Kundenanfragen auf Werbemaßnahmen und Response
- Partneranfragen nach strategischen Allianzen
- Ergebnisse aus Umfrageaktionen
- u.v.m.

Die Eignung einer Kennzahl kann nach dem bekannten SMART-Verfahren geprüft werden:

S - specific (konkret)
- Sind die gefundenen Kennzahlen hinreichend konkret und unmissverständlich? Besteht unter allen Beteiligten Einvernehmen, was diese Kennzahl ausdrückt?

M - measurable (messbar)
- Ist die Kennzahl kardinal messbar, d.h. bezifferbar und mit Maßeinheiten versehen

A - accountable (zurechenbar)
- Ist die Entwicklung der Kennzahl wirklich in einen proportionalen Zusammenhang mit der Entwicklung der GFE-Maßnahme zu bringen?

R - realistic (realistisch)
- Ist die Kennzahl realistisch und ist auch die Erreichung des benannten Zieles überhaupt möglich?

T - timebased (Zeit bezogen)
- Kann diese Kennzahl in einen bestimmten zeitlichen Zusammenhang gebracht und auch eingegrenzt werden?

> Vor Fehlern ist niemand sicher. Das Kunststück besteht darin, denselben Fehler nicht zweimal zu machen.
> Edward Heath

> Man kann erst steuern, wenn man Fahrt hat.
> Emil Gött

> Vertrauen ist gut, Kontrolle ist besser.
> Vladimir I. Lenin

Strukturierung der GFE- Ziele durch Mindmaps

Es gibt Befürworter und Gegner der Mindmapping- Methode. Fakt ist: Damit alle Aspekte, Ziele, Ausprägungen und Maßnahmen einer GFE- Idee visualisiert und so für andere wahrnehmbar gemacht werden können, bleiben nicht viele Alternativen zum Mindmapping- Format. Das Grundprinzip funktioniert hierbei sehr einfach und gelingt über verschiedene Darstellungsmöglichkeiten angefangen vom Flipchart über Powerpoint (oder verwandte Produkte) bis hin zu den vielen Versionen entsprechender Mindmapping- Software.

> Niemand hätte jemals den Ozean überquert, wenn er die Möglichkeit gehabt hätte, bei Sturm das Schiff zu verlassen.
> Charles F. Kettering

Grundgedanken können mit verfeinerten Punkten ausdifferenziert und visuell ausgegliedert werden. Symbole und kleinere Anmerkungen in einer Mindmap dienen der besseren Illustration von Problemen, die dementsprechend mit einem Blick erfasst werden können. Der Hauptvorteil liegt auf der Hand: Mindmaps zwingen zu strukturiertem Denken.

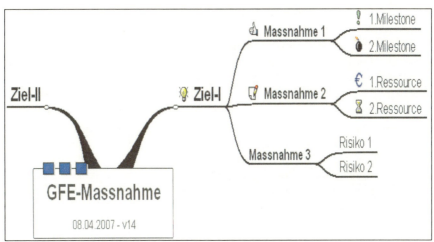

Abb.: Möglichkeiten des Mindmapping und die Darstellung alternativer Gliederungsdimensionen

Die Beteiligten

Der GFE- Verantwortliche

An die Person eines GFE- Verantwortlichen sollte man soweit möglich einige Wunscheigenschaften knüpfen. Selbstverständlich sind auch einige zwingend notwendige Kompetenzen zu erwarten. Bei internen oder externen Besetzungen sollten diese zu einem entsprechenden Wunschprofil zusammengesetzt werden.

Grundsätzlich ist die Aufgabe der GFE eine nie endende Aufgabe. Die GFE- Ansätze, ob erfolgreich oder erfolglos, gehen ineinander über und die nächste Herausforderung kommt bestimmt. Auch sind den Aufgaben der GFE keine Grenzen hinsichtlich ihrer Ausprägung, ihrer Tiefe oder ihrer Geschwindigkeit der Durchführung gesetzt. So ist ein geeigneter GFE- Verantwortlicher derjenige, der die Unternehmensziele als eigene Ziele begreift und die Aufgabe der GFE als persönliche Herausforderung sieht. Da sich eine GFE ihre Aufgaben aus der Natur der Sache heraus zu weiten Teilen selbst priorisieren muss, ist ein hoher Grad an Selbstmotivationsfähigkeit und Weitblick erforderlich.

Niederlagen in der GFE sind unvermeidlich und ein gewisser Teil der planerischen Arbeit einer GFE ist erfahrungsgemäß vergeblich. Somit sind hohe Frustrationstoleranz und die Fähigkeit, auch Niederlagen als Lernkurve begreifen zu können, eine vorteilhafte Eigenart. Kreativität und eine Veranlagung zu barrierefreiem Denken sind zur Entwicklung neuer Ansätze eine wesentliche Voraussetzung zum Erfolg. Analysefähigkeit, Branchenwissen und das Talent, planerisch und strukturiert zu arbeiten, sind ebenso ergebnisentscheidend. Teamfähigkeit ist durch die enge Verzahnung mit anderen Bereichen selbstverständlich zu erwarten. Eine Nähe zu vertrieblichem Denken, Pioniergeist und die Möglichkeit unternehmensübergreifend zu denken, sind im Idealfall ebenfalls vorhanden und wünschenswert.

Da die Rolle des GFE-Verantwortlichen auch in hohem Masse repräsentative Aufgaben umfasst, sollte ihm gleichermaßen Seniorität wie auch selbstbewusstes Auftreten zu Eigen sein. Die Rolle des GFE-Verantwortlichen in einem Unternehmen hat regelmäßig zu den exponierteren Positionen zu zählen - daher sollte auch eine anteilig variable Bezahlung der GFE- Position Standard sein, wobei diese aber gleichermaßen wegen des besonders hohen Anteils an Unwägbarkeit und Risiko übersichtlich gehalten sein sollte.

> Ich bin überzeugt, dass die Menschen von den Ergebnissen ihrer Leistungsfähigkeit überfordert werden.
> Günter Grass

> Ich habe viele junge Leute eingestellt. Die wichtigste Lehre: Ich messe der intrinsischen Motivation immer größere Bedeutung zu.
> Hermann Simon

> Die größte Gefahr besteht darin, Leute einzustellen, die schlechter sind als man selbst. Dieser Gefahr erliegen die meisten.
> Hermann Simon

Das Management

Das Management hat die Richtlinienkompetenz der GFE. Daher sollte zur Bedingung gemacht werden, dass jeder GFE- Verantwortliche regelmäßigen Kontakt mit dem Management eingeräumt bekommt.

Jede GFE- Idee wird dem Management in Form eines Business- Planes vorgelegt, auf dessen Basis die Gespräche mit dem GFE- Verantwortlichen oder dem erweiterten Team (z.B. GFE- Rat) stattfinden.

Das GFE- Reporting in Richtung Geschäftsführung muss regelmäßig erfolgen, wobei Ziele, Maßnahmen und auftretende Probleme der Unternehmensleitung offen darzulegen sind. Auch der Stand der Zielerreichung sowie auftretende Risiken sind in diesem Zusammenhang zu diskutieren. Der GFE- Verantwortliche hat bei auftretenden Hindernissen ebenso Vorschläge zur Gegensteuerung und Abhilfe zu machen. Der Unternehmensleitung obliegt es ihrerseits nachhaltig lenkend, kritisch und konstruktiv Einfluss nehmen.

Die Einbindung der Unternehmensleitung in die Strategiekonzeption und den Fortgang des GFE Prozesses ist erfolgskritisch. Dies dürfte grundsätzlich kein Problem sein, da auch die Initiierung der GFE verbindlich von Seiten der Unternehmensleitung ausgeht.
Die weiteren Argumente liegen auf der Hand:

- GFE bestimmt zukünftigen Unternehmenserfolg
- GFE ist geeignet, das Unternehmensbild zu ändern
- GFE ist eine Investition mit nachgelagerter Amortisation
- GFE erfordert Repräsentanzaufgaben
- Der Geschäftszweig der GFE hat die höchste Innovationsgeschwindigkeit

Wie schon angesprochen, muss jede GFE- Maßnahme mit dem Management abgestimmt sein, damit entsprechender Rückhalt hinsichtlich der Ziele, Aufwände und des jeweiligen Zwecks besteht.

> Wer zuhört, versteht.
> aus Liberia

> Eine Vision vermittelt Ziel und Richtung.
> Sie muss qualitativ eine nicht nur graduelle, sondern gravierende Änderung beinhalten und zeitlich über den Tag hinausgehen.
> Sie sollte zwischen Utopie und Realität angesiedelt, das heißt, gerade noch machbar sein, um Motivation durch eine genügend große Herausforderung freizusetzen.
> Effektive Kommunikation und Vorleben durch die Führung sind Voraussetzungen für eine erfolgreiche Umsetzung.
> Idealerweise personifiziert der Unternehmensführer die Vision.
> Hermann Simon

Das Marketing

Die Abteilung Marketing ist verantwortlich für den Transport einer Idee nach außen. Bevor über GFE- Ansätze daher näher und vertiefend gesprochen wird, ist das Marketing zu involvieren. Dies verkürzt den Vorlauf bei der Überführung in eine echte öffentlichkeitswirksame GFE-Maßnahme. Das Marketing verfügt über Mitspracherechte bei der Definition eines unternehmenskonformen Marketings und bei der Bereitstellung des Budgets. Zudem verfügt das Marketing in den meisten Fällen über die erhältlichen einschlägigen Studien und Marktanalysen.

Der Vertrieb

Aufgabe des Vertriebs ist der Einblick und die Erfahrung dahingehend, wie eine Idee zukünftig auf den Markt, auf welchen Markt und mit welcher Botschaft/ Aussage transportiert werden soll. Der Vertrieb verfügt über Kenntnisse des Zielmarktes, hat Erfahrungen an der Schnittstelle Kunde - Unternehmen und kann Praxiswissen einfließen lassen. Da GFE- Ansätze auch die Richtung und die Entwicklunsperspektiven eines Hauses bestimmen, sollte der Vertrieb auch die Möglichkeit haben, dem Endkunden diese Planungen perspektivisch anzukündigen. Der Vertrieb kann darüber hinaus in erster Linie auch als unternehmensinternes Stimmungsbarometer des Marktes befragt werden.

Der Bereich Forschung und Entwicklung

Gute Ideen müssen entwickelt, perfektioniert und zur Produktreife geführt werden. Diese Aufgabe übernimmt der Bereich Forschung und Entwicklung (F&E) in einem Unternehmen. Mit dem Bereich F&E werden Ideen auf Machbarkeit untersucht und Aufwandsabschätzungen getroffen. Der F&E Bereich kann zudem als Schnittstelle zum Produktionsbetrieb zur Abfrage notwendiger Informationen genutzt werden.

> Wenn du Erfolg haben willst, begrenze dich.
> Charles Augustin de Sainte-Beuve

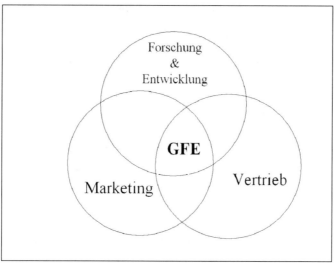

Abb.: GFE als Teamleistung von Vertrieb, Marketing,
Forschung und Entwicklung mit Segen der Unternehmensleitung

Die Abgrenzung von Zuständigkeiten

Ein GFE- Verantwortlicher steht per se in Konkurrenz zu Vertrieb und Marketing. Hat dieser großen oder aber gar keinen Erfolg: Ohne Beteiligung des Vertriebs oder des Marketings wird es schwierig. Daher sollte von vornherein ein so genanntes „Engagement-" Modell mit Absprachen zur Kommunikation, zur Zuständigkeit, sowie zu Kompetenzschnittstellen definiert werden. Dazu gehört auch eine Absprache „wer entscheidet was" und „wer redet bei welchen Entscheidungen mit".

> Wo ein Genie auftaucht, verbrüdern sich die Dummköpfe.
> Jonathan Swift

Die Befürworter und Beeinflusser

Die Befürworter eines Projektes (einer GFE- Maßnahme) sollten, notfalls inoffiziell, immer „kurzgeschlossen" sein und in direkten Kontakt gebracht werden.

Dies gilt gleichwohl für positive Beeinflusser. Wenn diese „Community" einen Ansatz durchdacht hat, sollte dieser auf mögliche Kritiker angesetzt werden, denn die Kritiker gilt es zu überzeugen.

Diese „Zangentaktik" verfolgt den Ansatz einer Überzeugung von Kritikern aus verschiedenen Richtungen. In diesem Zusammenhang lohnt es sich i.d.R. für Geschäftsfeldverantwortliche eine „Influencer-Matrix" zu erstellen. Hier können alle GFE-relevanten Stellen aufgeführt und mit Angaben und Rollen versehen werden.

Diese Übersicht dient in erster Linie der eigenen Strukturierung und methodischen Bearbeitung des GFE- Umfeldes.

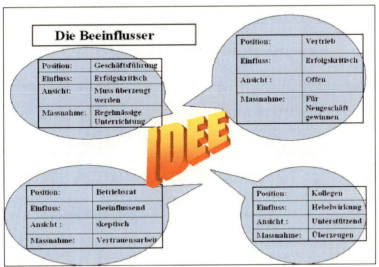

Abb.: Die Beeinflusser Matrix

Der GFE- Rat

Ein möglichst großer Rückhalt im Unternehmen sowie die explizite Zustimmung aller möglichen Beteiligten sind für das Feld der GFE unabdingbar.

Erwartbare Meinungsverschiedenheiten sollten in möglichst großer Öffentlichkeit ausgetragen und darüber hinaus möglichst dokumentiert werden. Nur so gelingt die Gratwanderung zwischen dem Durchsetzen neuer Ideen bei Berücksichtigung der Interessen aller Beteiligten. Vor diesem möglicherweise konfliktbeladenen Hintergrund ist sinnvollerweise über die Schaffung eines GFE- Rates nachzudenken.

GFE– Entscheidungen oder die Vorbereitung dieser Entscheidungen erfordern beständiges:

- delegieren von Verantwortung
- festlegen eindeutiger Zuständigkeiten
- hohe Kreativität, um Innovation zu ermöglichen
- Konsens hinsichtlich der Durchführung
- ein wertende Beurteilung aller Beteiligten
- Einbindung der Geschäftsführung
- vorausschauende Einbindung des Marketing
- kooperative Mitarbeit des Vertriebs
- eine Abstimmung mit Service, Support, After- Sales

> Wenn über das Grundsätzliche keine Einigkeit besteht, ist es sinnlos, miteinander Pläne zu schmieden.
> *Konfuzius*

> Die einzige Möglichkeit, die Menschen zu motivieren, ist die Kommunikation.
> *Lee Iacocca*

Daher sollten alle involvierten Stellen zumindest mittelbar eine Repräsentanz im GFE- Rat erhalten, welche durch kann durch fallweise Hinzuziehung erreicht werden kann.

Die Aufgaben des GFE- Rates umfassen beispielhaft die:

- Definition eines GFE- Leitbildes
- Mind. ½ jährliche Zusammenkunft
- Festlegung von Zielen und Maßgaben
- Verabschiedung von GFE- Maßnahmen
- Bestimmung von Mitwirkungspflichten
- Einbringung von Anregungen / Kritik
- Einbringung von Kritik / Anregungen
- Niederschriften und Dokumentation des Besprochenen
- Definition des Berichtsprozesses
- Weiterentwicklung von Kennzahlen und Messkriterien
- Festlegung der TOP-ics für das nächste Treffen
- Durchführung einer methodischen Rückschau

Die Funktion des GFE- Rates ist es in erster Linie, die Last aller Konsequenzen einer GFE- Entscheidung auf alle verantwortlichen Schultern zu verteilen. Kreative Hinweise gilt es genauso wie kritische Beurteilungen zu ermöglichen, um einen möglichst breiten Konsens zu erzielen. Einbezogen werden sollten daher z.B. Abteilungsleitungen, Betriebsrat, Marketing, Vertrieb, Forschung und Entwicklung sowie direkte Vorgesetzte. Der GFE- Verantwortliche steht dem GFE- Rat moderierend vor. Eine Anzahl >10 Teilnehmer im GFE- Rat sollte aus pragmatischen Gründen nicht überschritten werden.

> Der Einzelne sollte entscheiden, wenn es auf hohe Entscheidungsqualität ankommt. Die Gruppe sollte entscheiden, wenn hohe Akzeptanz gefordert wird.
> Bernd Rohrbach

> Wir Athener betrachten Beratungen nicht als Hindernisse auf dem Wege des Handelns, sondern wir halten sie für notwendige Voraussetzungen weisen Handelns.
> Perikles

Verbände und Organisationen

Verbände und Organisationen bieten oft Möglichkeiten, um Stimmungen zu erfassen und diese zu beeinflussen. Zudem stehen diese Netzwerke für einen Zusammenschluss von Entscheidern und Experten. Eine Mitwirkung in Vorstand, Beirat oder auch nur als förderndes Mitglied in diesen Organisationen und Verbänden kann oft zu hoher Öffentlichkeitswirksamkeit führen. Ein weiterer Vorteil liegt in der Erlangung von Brancheninformationen aus erster Hand.

Beispiel: Initiative D21 als Interessenverband der Partner der öffentlichen Hand.

> *Die Initiative D21 ist Europas größte Partnerschaft zwischen Politik und Wirtschaft (Public Private Partnership). Sie besteht aus einem Netzwerk von 200 Mitgliedsunternehmen und -organisationen aller Branchen, die gemeinsam mehr als eine Million Menschen in der Bundesrepublik beschäftigen. Ziel des gemeinnützigen Vereins ist es, durch bessere Bildung, Qualifikation und Innovationsfähigkeit wirtschaftliches Wachstum zu stimulieren und zukunftsfähige Arbeitsplätze zu sichern. Dafür setzt sich die Initiative gemeinsam mit politischen Partnern in praxisorientierten und interdisziplinären Projekten ein. Alle Maßnahmen von D21 besitzen einen engen Bezug zu Informations- und Kommunikationstechnologien, einer entscheidenden Basis für die Zukunft Deutschlands.*

Jede Branche hat andere Interessenverbände. Hier als Firma Anteil zu nehmen und sich einzubringen ist zumeist für den Bereich GFE sehr sinnvoll. Verbände sind ihrer Natur nach Entscheidernetzwerke und dienen auch dazu, gemeinsame Interessen wahrzunehmen. Verbände können sowohl Fürsprecher generieren, aber auch operative und strategische Allianzen fördern.

Die Ideenfindung

Dem Wesen nach ist die Geschäftsfeldentwicklung in einem Unternehmen immer strategisch ausgeprägt. Die GFE- Verantwortlichen nehmen bei der Verfolgung ihrer Strategien eine katalytische Funktion wahr und regen Verbesserungen sowie neue Betätigungsfelder im Unternehmen an. Besser noch: Die GFE- Verantwortlichen sind mit Handlungskompetenzen ausgestattet und in der Lage, Vorschläge nicht nur zu erdenken, sondern auch umzusetzen.

In beiden Fällen steht am Anfang zwangsläufig eine gute Idee im Sinne eines qualifizierten GFE- Ansatzes sowie eine stichhaltige Mehrwertargumentation (Warum diesen Ansatz verfolgen?).

> Willst du etwas wissen, so frage einen Erfahrenen und keinen Gelehrten.
> Chinesische Weisheit

> Wo es an Beratung fehlt, da scheitern die Pläne.
> Bibel, Buch der Sprüche 15, 22-23

In den vorhergehenden Kapiteln wurden bereits die möglichen Ausprägungen von GFE- Ansätzen erläutert. Die Erschließung der jeweils geeigneten GFE- Ansätze für das eigene Unternehmen ist aber natürlich einem eigenen kreativen Prozess unterworfen. Die Verantwortung obliegt hier jeweils dem Unternehmen selbst und/ oder den dortigen GFE- Verantwortlichen.

Am Anfang steht die Geburt einer unbefangenen Idee. Grundsätzlich sollte in diesem Sinne bei der Ideenfindung im Neugeschäft das so genannte „Grünlicht-Denken" stattfinden. Vorbehalte, Probleme und Fragen der Umsetzung sollten im schöpferischen Moment der Ideenfindung außen vor bleiben.

Nachdem diese „frischen und unbefangenen Ideen" niedergeschrieben sind, bleibt Zeit zur kritischen Würdigung, zur Reflektion, zur Modifikation und gegebenenfalls eben auch zu deren Verwerfung.

> Klare Voraussetzungen für jede gute Idee zusammengefasst sind:
>
> Diese Idee ist machbar (i.S.v. umsetzbar) sowie auch mittelfristig bezahlbar.
>
> Die Idee ist Erfolg versprechend und hält auch einer realistischen Zukunfts- und Marktprognose stand.
>
> Die Idee entspricht dem Unternehmensfahrplan und entspricht dem Selbstverständnis des Hauses.
>
> Die Idee ist nicht allein abgeschaut- auch nicht aus dem Ausland.
>
> Die Idee ist bestenfalls marken- und patentrechtlich schutzfähig.
>
> Die Idee fördert in den nächsten 5 Jahren den Umsatz und ist zeitnah zu realisieren.
>
> Weitere Kriterien sind für jedes Unternehmen individuell zu bestimmen.

> Wohin ich auch blicke, überall erwachsen aus Problemen Chancen.
> Nelson A. Rockefeller

> Wir sind Kinder unserer Taten.
> Franz Grillparzer

> Die Kraft für die Durchführung meiner Expedition kommt durch die Begeisterung für die Idee und deren Umsetzung.
> Reinhold Messner

Ideen generieren und konservieren

Viele Menschen gehen davon aus, dass eine gute Idee einer glücklichen wenngleich zufälligen Eingebung nahe kommt. Ideen können aber auch gezielt gefördert und methodisch entwickelt werden. Insbesondere liegt die Herausforderung darin, Ideen der eigenen Mitarbeiterschaft zu nutzen. Bei der Überlegung, wie dies erfolgen kann, stellen sich die anschließenden Fragen:

- Wie können Ideen und Vorschläge nachhaltig und organisiert innerhalb eines Unternehmens generiert werden?
- Wie können gute Ansätze, die aus den Lerneffekten des Tagesgeschäftes entstehen, bewahrt werden?
- Wie können Maßnahmen ergriffen werden, um Ideen aus dem Unternehmen zu konzentrieren und verwertbar zu machen?

Hier bieten sich folgende Vorschläge an:

- das betriebliche Vorschlagswesen
- das Trendscouting

Beide Verfahren sind darauf ausgerichtet, Ideen aus dem Unternehmen abzuschöpfen und zu kanalisieren. In der Einführungsphase des betrieblichen Vorschlagswesens oder des Trendscouting im Unternehmen kann es zu einer regelrechten „Ideenflut" kommen.

Folglich ist es hinsichtlich der Auswertung der entwickelten Ideen in diesem Moment wie auch später wichtig, dass:

- die Mitarbeiter Feedback zu Ihrer Eingabe (Idee) bekommen
- Ablehnungsgründe nachvollziehbar und wohlwollend formuliert werden
- die Bewertung der Idee nicht einer einzigen Person obliegt
- die verworfenen Ideen nicht „vernichtet" werden, sondern in einer Art Ideen- Tank landen.

Letztgenanntes ermöglicht bei Mehrfacheingaben, auf die immer wieder gleiche Ablehnungs-Argumentation zurückgreifen zu können. Zum anderen eignen sich vormals verworfene Ideen unter Umständen zu einem späteren Zeitpunkt.

> Originalität muss man haben, nicht danach streben.
> Friedrich Hebbel

Betriebliches Vorschlagswesen

Es gibt viele Wege, wie kleine und mittlere Unternehmen ihre Wettbewerbsfähigkeit steigern können. Als Beispiel sei exemplarisch die Schaffung eines firmeneigenen Profils und die pfiffige Gestaltung von Produkten herausgegriffen.

Ohne Zweifel kommt an dieser Stelle Maßnahmen zur Steigerung der Innovationsfähigkeit ein spezielles Gewicht zu. Dabei ist in erster Linie an Neufindungen bei der Einführung neuer Produkte oder Verfahren in den Markt gedacht. Gleichwohl gibt es aber auch Verbesserungspotenziale bei solchen, die mehr dem menschlich- organisatorischen Bereich zuzuordnen sind.

Ein besonderes Interesse ist in diesem Zusammenhang dem Kreativitätspotenzial und dem Ideenreichtum der Mitarbeiter zu widmen. Viele kleine und mittlere Unternehmen verfügen hier über noch unbekannte „stille Reserven".

Eine signifikante Überlegung ist weitergehend, dass jede Steigerung der Leistungsfähigkeit der Unternehmen einen wichtigen Beitrag zur Sicherung des Industriestandortes Deutschland liefert und damit ggf. auch staatlich förderungsfähig werden kann. Resümierend bleibt also festzuhalten, dass das betriebliche Vorschlagswesen von richtungsweisender Bedeutung und den Erfordernissen moderner Unternehmensführung anzupassen ist.

Betriebliches Vorschlagswesen schlägt sich in einer modernen, weniger Hierarchie - bezogenen Menschenführung nieder. Unter einer Unternehmensführung, die die Mitarbeiter in den Mittelpunkt stellt und fachlich akzeptieren, fühlt sich das Team naturgemäß viel stärker veranlasst, sich mit dem Unternehmensziel zu identifizieren. Daraus leitet sich kausal ab, dass die Mitarbeiter folgerichtig umso mehr daran interessiert sind, ihren Beitrag zum betrieblichen Erfolg zu leisten. Ideen und Kreativitätskräfte werden zunehmend freigesetzt und der Weg ist frei hin zu einer innovativen Unternehmenskultur.

Deutsche mittelständische Unternehmen stehen häufig vor dem Problem, dass unter den Bedingungen wachsender Internationalisierung, beschleunigter Innovationszyklen und steigender Ansprüche an die Produktqualität immer höhere Forderungen an das Unternehmen gestellt werden, obwohl nicht mehr Mittel zur Verfügung stehen.

In dieser Situation müssen alle Leistungsreserven des Unternehmens mobilisiert werden. Dabei kann und muss man auf die Eigenverantwortung jedes einzelnen Mitarbeiters setzen. Doch nur eine moderne Unternehmenskultur, die bereit ist, Hierarchien zu reduzieren, eröffnet die Chance, dass Mitarbeiter vom bloßen ausführenden Arbeiter zum kreativ mitdenkenden Mitgestalter werden.

Auf die Frage, was für den Menschen im Beruf heute wichtig ist und was ihn zu besonderen Leistungen motiviert, tritt heute neben die Antwort „der Entlohnung" immer häufiger das erkennbare Bedürfnis nach einem guten Betriebsklima und der Möglichkeit zur Selbstverwirklichung. Der Wunsch, sich in die Arbeit mit seiner ganzen Persönlichkeit einbringen zu können und etwas zu bewegen, wird im Zuge des wachsenden Lebensstandards und des gestiegenen Ausbildungsstands der Mitarbeiter unübersehbar immer relevanter und dringlicher.

> Zusammenkommen ist der Anfang. Zusammenarbeiten ist der Erfolg.
> Henry Ford

> Man muss in einer Branche nicht der Erste sein, aber origineller als die anderen.
> Paul Gauselmann

Aber genau hier liegt des berühmten Pudels Kern: In viel zu vielen Unternehmen mit noch weitgehend traditionell hierarchischer Prägung, bietet sich den Mitarbeiter nur in Ausnahmefällen die Gelegenheit, sich in der oben beschriebenen Form im Unternehmen einzubringen.
Häufig zu hörende Äußerungen wie: „Ich werde ja nicht gefragt.", „Wir können ja doch nichts ändern." oder „Wenn die da oben nur auf uns hören würden." sind ein mehr als deutliches Zeichen dafür, dass das Betriebsklima dringender Verbesserung bedarf.

Das Gefühl, nicht gefragt zu werden, führt unweigerlich in die Resignation und dazu, dass Mitarbeiter ihre Arbeit nur noch halbherzig erledigen. Die eigentliche Energie, die Mitarbeiter einzubringen bereit sind, bleibt so ungenutzt und das Leistungspotenzial der Mitarbeiter dem Unternehmen verschlossen.

Gelingt es im Umkehrschluss jedoch, die Leistungsfähigkeit und den Leistungswillen der Mitarbeiter für das Unternehmen freizusetzen, eröffnet dies die Chance, Mitarbeiter zu Mit- Denkern und im Idealfall zu Mit- Unternehmern zu machen. Es kommt darauf an, die Gestaltungskraft und den Ideenreichtum der Mitarbeiter zu wecken und in für das Unternehmen sinnvolle Bahnen zu lenken.

Dafür müssen die Mitarbeiter die Erfahrung machen können, dass mit einem Engagement für das Unternehmen auch ihre persönlichen Ziele und Wünsche nach Anerkennung und Selbstverwirklichung erfüllt werden können. Ein Umfeld, eine Unternehmenskultur, die dies ermöglicht, hat die Chance, innovativ und leistungsfähig und auch unter schwieriger werdenden Bedingungen erfolgreich zu sein.[11]

Dies zu gewährleisten, ist als eine dringende unternehmerische Aufgabe anzusehen. Die Originalität der Mitarbeiter muss vorerst einmal aktiviert werden. Im zweiten Schritt muss sichergestellt werden, dass das Engagement im Sinne des Unternehmens genutzt und umgesetzt werden kann. Darauf aufbauend sollte dafür Sorge getragen werden, dass es sich nicht um ein Strohfeuer handelt, sondern dass die Bereitschaft zum Mitdenken in der Unternehmenskultur prinzipiell und langfristig verankert wird.

Das geeignete Konzept, dieses umsetzen zu können, findet sich im betrieblichen Ideenmanagement. Mitarbeiter werden ermutigt, Ideen einzubringen, diese können beschrieben werden, im Vorschlagsprozess eingebracht und abschließend beurteilt werden.

---

[11] Nach: Ideenmanagement für mittelständische Unternehmen, Deutsches Institut für Betriebswirtschaft e.V.

Die Vorteile des betrieblichen Vorschlagswesens liegen auf der Hand:

- Mitarbeiter fühlen sich in unternehmenskritische Entscheidungen eingebunden
- Das Know- how und die langjährige Erfahrung der eigenen Kräfte werden ausgeschöpft
- Die Nähe zum Produkt oder zum Problem wird ausgenutzt
- Externe Beraterkosten entfallen

Das betriebliche Vorschlagswesen kann über einen Mitarbeiter-Briefkasten, eine Mitarbeiter-Zeitung, über ein Ideenportal im Intranet oder aber auch über professionelle Ideenfindungssysteme[12] im Unternehmen installiert werden. Diese Möglichkeiten im Unternehmen bekannt zu machen, Akzeptanz zu generieren und den Vorschlagsprozess anzuregen, ist die eigentliche Leistung der Verantwortlichen.

Prämiensysteme wie auch die Durchführung von Akzeptanzmaßnahmen können flankierend natürlich eine solche Einführungsphase erleichtern. Zu solchen Akzeptanzmaßnahmen gehört unter anderem, den Mitarbeitern klar zu machen, warum Ihre Meinung gefragt ist und wie sie ggf. zur Arbeitsplatzsicherung beitragen kann. Zudem gilt es Überzeugungsarbeit dahingehend zu leisten, dass Mitarbeiterideen ernst genommen und Vorschläge im Idealfall Einfluss auf den Erfolg des Unternehmens haben werden.

---

[12] http://www.ibykus.de

Trendscouting

Im Gegensatz zur klassischen Marketingforschung betrachtet Trendscouting weniger die Vergangenheit denn die Gegenwart bzw. Zukunft. Das Ziel: Heute wissen, was morgen "in" ist. Dabei umfasst Trendscouting neben anderem die Analyse innovativer Technologien wie auch das frühzeitige Erkennen einer Veränderung der Verbrauchergewohnheiten.

Jedes Unternehmen hat sowohl Stärken als auch Schwächen. Die jeweiligen Unternehmer kennen diese meist sehr genau. Dennoch bleiben erstaunlicherweise Trends in der Wirtschaft und innerhalb der eigenen Branche viel zu oft unerkannt. An diesem Punkt kommt das Trendscouting zum Einsatz. Bezogen sich klassische Methoden der Marketingforschung lediglich auf die Vergangenheit lässt Trendscouting hingegen Rückschlüsse und Ausblicke auf die Gegenwart und Zukunftzu. So lassen sich Chancen besser nutzen, kann Wachstum vorangetrieben und eventuelle Risiken vermieden. Das Ziel ist, der Entwicklung am Markt immer einen Schritt voraus zu sein.

Trendscouting umfasst Analysen innovativer Technologien und versucht, Veränderungen im Verbraucherverhalten frühzeitig aufzuspüren. Oberstes Ziel ist es, zukünftige Trends während oder noch vor ihrer Entstehung ausfindig zu machen. Dies erleichtert das Einführen neuer Produkte auf dem Markt wesentlich und legt die Grundlagen für die Entwicklung weiterer Produkte und neuer Märkte.

Trendscouting beschäftigt sich mit einer Vielzahl differenzierter Frage- und Problemstellungen, wie:

- Welche Technologien gewinnen immer mehr an Bedeutung?
- Welche Entwicklungen werden bestimmte Branchen prägen?
- Inwiefern werden spezielle Zielgruppen Anforderungen stellen?
- Welche Trends sind es, die in Bereichen wie Mode, Musik, Sport etc. bedeutsamer werden?
- Was ist heute noch „in" und morgen schon wieder „out"?

Durch Beantwortung dieser Fragen soll ein größeres Wissenspensum wie auch ein Wissensvorsprung als das der Wettbewerber erworben werden, so dass Produkte, Dienstleistungen und Werbebotschaften möglichst früh an zukünftige Gegebenheiten angepasst werden können.

> In der neuen Informationsgesellschaft sind die Schlüsselfaktoren des Erfolgs Information, Wissen, Kreativität. Es gibt nur eine Stelle, wo man diese Ressourcen findet: die Mitarbeiter. Das Humankapital gewinnt einen völlig neuen Stellenwert.
> John Naisbitt- Patricia Aburdene

Die Vorgehensweise beim Trendscouting kann durchaus differieren. Üblich sind vor allem Recherchen in Weblogs und Foren, in denen sich Verbraucher über bestimmte Produkte und Dienstleistungen (eigene und auch fremde) wie auch Wunschvorstellungen austauschen. Durch diese indirekte Kundennähe lassen sich zusätzliche Informationen gewinnen. Ähnlich hilfreich sind Datenerfassungen anderer Branchen. Dort finden sich oftmals Ansätze und Grundlagen, die auf das eigene Unternehmen projiziert werden können. Durch die Plattform beispielsweise eines Newsletters ist es einfach, sich auf dem Laufenden zu halten.

Um eine breit gefächerte Informationssammlung anzufertigen und das Ergebnis zu potenzieren, sollten effizienterweise die Mitarbeiter des jeweiligen Unternehmens involviert werden. Welche Vorgehensweise des Trendscouting angewandt wird, liegt im Ermessen des Unternehmens. Doch die Relevanz des Themas kann als unstritig gelten: Der erfolgreiche Unternehmer von heute macht es, der erfolgreiche Unternehmer von morgen macht es. Hauptsache ist, dass es überhaupt genutzt wird, es gilt, weder Potenzial zu verschenken noch unnötig zu riskieren. Wer den Trend verschläft, verpasst den Anschluss in der Schnelllebigkeit der Zeit dauerhaft.

Zusammengefasst liefert Trendscouting bzw. die Trendforschung eine wesentliche Grundlage für die Entwicklung neuartiger Produkte, die Markterschließung wie nicht zuletzt die Schaffung neuer Märkte.

„Aus den aktuellen Trends in der Gesamtwirtschaft und/oder speziell Ihrer Branche können Sie die individuellen Risiken, vor allem aber auch die Chancen ableiten, die der Markt für Ihr Unternehmen birgt. Denn in diesen Chancen liegt Ihre unternehmerische Zukunft!"[13]

Noch vor einigen Jahren belächelt, hat sich Trendscouting zu einem wichtigen Marketinginstrument entwickelt. An Hochschulen werden inzwischen spezialisierte Studiengänge im Bereich Trendforschung angeboten, z.B. in Pforzheim (Studiengang Betriebswirtschaftslehre / Markt- und Kommunikationsforschung). Das Ziel ist es, professionelle Verfahrensweisen zu erlernen, um zukünftige Entwicklungen möglichst frühzeitig zu erkennen.

Im Arbeitsumfeld gilt: „Wissen ist Macht". Dies nimmt sich ein erfolgreicher Trendscouter besonders zu Herzen, denn er steht in der Pflicht, dem Wettbewerb stets den entscheidenden Schritt voraus zu sein.

> Das Vollkommene ist der Feind des Guten.
> Voltaire

---

[13] http://www.akademie.de/ Neue Geschäftsfelder für kleine Unternehmen von Heike Kirchhoff, Mai 2007

Eine solche vorausschauende Arbeits- und Denkweise wird durch das Internet erheblich vereinfacht. Zu Recht gilt das World- Wide- Web inzwischen als das Informationsmedium Nummer 1. Nirgends ist es so einfach, schnell und vor allem breit gefächerte Kenntnisse zu erhalten – und das zu überschaubaren Kosten. Das Internet befähigt jeden Einzelnen, frühzeitig Informationen zu neuen Technologien, Maschinen, Serviceangeboten, Lebensgewohnheiten, erfolgreichen Guerilla Marketing Aktionen, usw. zu erhalten. Weltweit.

Die eigentliche Kunst im Umgang mit diesem Medium besteht nun darin, hochwertige Informationsquellen aufzutun, die wichtigen Informationen heraus zu filtern und richtig zu bewerten. Auch ohne ein Studium der entsprechenden Verfahren kann man in diesem Bereich der Trendforschung bereits beeindruckende Ergebnisse erzielen.

Viele der folgenden Tipps mögen auf den ersten Blick relativ trivial erscheinen. Folgende Verfahren, die sich als erfolgreiche Instrumente des Trendscouting erwiesen haben, sollten in einem Unternehmen ausreichend zum Einsatz kommen:

- Austausch in einschlägigen Kontaktnetzwerken im Internet (z.B. Xing.de).
- Abonnement der Newsletter von Mitbewerbern, auch ausländischen Keyplayern.
- Recherche in Foren und Weblogs ist die erste Anlaufstelle für neue Trends. Es sollten Blog- Beiträge und RSS-Feeds zu bestimmten relevanten Themengebieten abonniert werden. Diese müssen dann nicht mehr länger gesucht werden, sondern wären automatisch verfügbar.
- In Online Foren oder Weblogs tauschen sich Nutzer über die unterschiedlichsten Dinge aus. Hier finden sich nicht nur Informationen von Experten, Eindrücke relevanter Zielgruppen, Meinungen zu Produkten sondern darüber hinaus oftmals auch wertvolle Linktipps auf neue oder gut versteckte Angebote im Internet.

— Wenn man amerikanische Logs besucht, erweitert dies die Chancen, auf ganz neue Einflüsse zu stoßen.

Benchmarking mit anderen Branchen kann Impulse liefern.
Deshalb sollte die Gefahr umgangen werden, ausschließlich auf Informationsquellen der eigenen Branche zuzugreifen. Wertvolle Informationen findet man oft dort, wo sie kaum jemand erwartet. Beispielsweise stehen einige Branchen, wie Banken oder Versicherungen, in der Pflicht ein hohes Level an Kundenservice anzubieten. Speziell in den USA stellen die Kunden in diesem Bereich hohe Anforderungen an den Internetauftritt eines Unternehmens. Möglicherweise finden sich dort Denkansätze, die sich auch auf die Unternehmensbranche übertragen lassen.

Auch deutsche Institute wie z.B. die Raiffeisen-Banken stellen kleinen und mittelständischen Unternehmen (KMU´s) vorgefertigte akzeptable Businesspläne mit innovativen Ideen für neue Geschäftsfelder zur Verfügung.

Das Lesen der Online- Ausgabe internationaler und lokaler Fachzeitschriften bringt tagesaktuelle Informationen. Heutzutage bietet nahezu jede Fachzeitschrift neben der Print- auch eine Online-Ausgabe. Entweder sind die Informationen kostenlos oder können auf Basis eines Abonnements eingesehen werden. Somit wird der Zugang zu tagesaktuellen Informationen der nationalen und internationalen Fachwelt wesentlich erleichtert.

Die meisten Unternehmen haben begriffen, dass das größte Kapital in den Mitarbeitern steckt. Trotzdem wird diese Weisheit oftmals kaum berücksichtigt. So verpassen viele Unternehmen, die, die Mitarbeiter dazu zu animieren, sich ebenfalls über aktuelle Trends zu informieren und diese an die entsprechenden Kollegen weiterzuleiten. Arbeitskreise interessierter Mitarbeiter erleichtern hierbei den Austausch von unterschiedlichstem Know-how. Teilweise schlummern gar wertvolle Ideen oder Beobachtungen in Mitarbeitern, von denen dies kaum erwartet wird.

Selbst sehr erfolgreiche Manager haben erkannt, dass der Fall nicht unwahrscheinlich ist, dass zum Beispiel ein Auszubildender großartige Ideen liefert, während die Marketingexperten in einer Sackgasse stecken. Der Trendscouter sollte dafür Sorge tragen, dass auch solche Mitarbeiter gehört und ernst genommen werden. Wie bei so vielen Dingen gilt jedoch auch hier, dass die richtige Balance gewahrt werden muss.
Auch beim Trendscouting heißt die Devise, ohne Fleiß kein Preis. Den erforderlichen und entscheidenden Wissensvorsprung aufzubauen und anschließend zu verteidigen, ist selbstverständlich mit viel Arbeit verbunden. Sobald man aber als Trendsetter innerhalb der Branche fest etabliert ist, wird sich diese Investition zeitnah um ein Vielfaches auszahlen.

Kunden, Partner, Investoren und andere relevante Zielgruppen werden es zu schätzen wissen, das Gefühl zu haben, mit den Produkten hautnah am Zahn der Zeit zu sein bzw. in die Zukunft zu investieren. Als First-Mover einer Branche ist die Sicherung wertvoller Marktanteile möglich, die potentielle Konkurrenten nur schwer zurückgewinnen können.

Entscheidend ist in diesem Zusammenhang, dass in Konkurrenz stehende Unternehmen bekannt sind und Informationen über deren neueste Entwicklungen vorhanden sind. Ist dies der Fall, ist der Weg bereitet für effektives und gewinnbringendes Trendscouting, denn ein guter Trendscout kennt und ahnt sinnbildlich jede Bewegung seiner „Gegner". Das mediale Zeitalter realisiert unterstützend die Nutzung der „gläsernen" Informationsgesellschaft mit Messeberichten, Prospekten, Newslettern und Websites der Mitbewerber sowie Einträgen in Blogs und Foren zu deren Produkten oder Werbeaktionen. Gute Quellen sind oft auch die Portale der entsprechenden Gewerkschaften. Hier finden sich gute Chancen zur Informationsbeschaffung- mehr, als dem Mitbewerber oft lieb sein kann. In Summe bleibt festzuhalten: Trendscouting erfolgt durch die Auswahl geeigneter Mitarbeiter im Unternehmen, denen die Marktbeobachtung und Ideenfindung anheim gestellt wird. Diese Trendscouts haben die Aufgabe, Ihre Wahrnehmung (Presse, Hören-Sagen etc.) zu dokumentieren, in den Trendscouting-Kanal einzugeben und entsprechende Kenntnisse verbunden mit eigenen Ideen in das interne Trendscouting-System einzuspeisen.

Trendscout- System- Ergebnisse sollten auch dem GFE- Rat zur Kenntnis und Bearbeitung zugänglich sein. [14]

Unter Trendscouting- System im oben genannten Sinne wird der sich an die Informationsgewinnung anschließende Prozess der Aufbereitung- und Auswertung der Erkenntnisse verstanden.

> Der Erfolg hat viele Väter. Der Misserfolg ist eine Waise.
> Sprichwort

Austauschplattform

Eine Austauschplattform für alle am Neugeschäft beteiligten Personen ist überaus bedeutsam. Ein eigenes GFE- Intranet- Portal, ein E-Mail-Verteiler rund um das Thema GFE sollte zwecks Organisation und Kommunikation innerhalb des GFE-Teams eingerichtet werden und uneingeschränkt zur Verfügung stehen. Im Grunde ist diese Art von Austauschplattform ein Übereinkommen "wie, mit wem und in welcher Form" Informationen ausgetauscht werden. Dies ist aber ohnehin ein Selbstverständnis jeder organisierten GFE. Damit eine solche Austauschplattform auch Geltung hat, ist diese Plattform ebenfalls zu dokumentieren, zu beschreiben und im Unternehmen bekannt zu machen. Die Austauschplattform sollte zum einen dazu dienen, aktuelle GFE- relevante Informationen zu verteilen, zum anderen handelt es sich um ein unternehmensinternes Medium, um sowohl Anregungen wie auch Kritik sanktionslos austauschen zu können.

---

[14] Nach guerillamarketingbuch.com/ Stand: Mai 2007

Ein Vorschlag zur Methodologie

Eine Auswahl geeigneter Methoden, um GFE innerhalb von Unternehmen methodisch und in einer sinnvollen Anordnung und Reihenfolge zu fördern, ist in dem nachfolgend beschriebenen Methodenpfad zu finden.
Der Vorteil dieses Schemas: Es handelt sich durchweg um bekannte und jedem betriebswirtschaftlich ausgebildeten Mitarbeiter geläufige Methoden. In verantwortlicher Form plant und bearbeitet der Neugeschäftsbeauftragte die GFE- Methoden nach dem unten stehenden Schaubild (Methodenpfad) aus. Flankierend und beratend sollten auch alle Beteiligten des GFE- Rates zur Seite stehen. Die Methoden können für das ganze Unternehmen oder aber gezielt abteilungsweise eingesetzt werden.

Der systematische Methodeneinsatz bringt für die GFE folgende Vorteile:

- Er zwingt zur Vollständigkeit bei Analyse und Ist- Aufnahme.
- Er strukturiert das Vorgehen im Neugeschäft.
- Er zwingt zur Ausformulierung von Gedanken.
- Er kanalisiert Kreativität in verwertbare Formen.
- Er macht Entscheidungen für Außenstehende nachvollziehbar.
- Er liefert die jeweils in der Methode vordefinierten Ergebnisse.

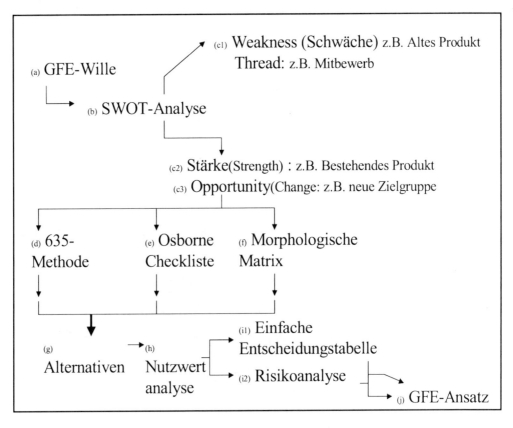

Abb.: Der Methodenpfad zur Erarbeitung optimaler GFE Ansätze

a) Es beginnt mit der Idee, Dinge im Unternehmen voranbringen zu wollen:
   Der GFE- Wille entsteht in der Leitung oder im Gesamtunternehmen.

b) Eine Analyse der Stärken und Schwächen des Unternehmens ermöglicht zwingend die Fokussierung.
   An dieser Stelle kommt die SWOT– Analyse ins Spiel, um (S)trenght/Stärken), (W)eakness/ Schwächen), (O)pportunity/ Chancen), (T)hread/ Bedrohungen) aufzuspüren.

c)
   1. Identifiziert sich eine Schwäche (Weakness) innerhalb eines Bereiches, resultieren daraus Bedrohungen (Threads).
      Es entsteht Handlungsdruck. Wie auch bei der Identifizierung von Stärken oder Chancen (identisches Vorgehen wie bei c2) kann also ebenso gut unter der Zielsetzung der „Verbesserung" im Methodenpfad weiterverfahren werden.
   2. Ergibt sich eine Stärke (Strength), verfügt ein bestehendes Produkt über hohes Erfolgspotenzial.
   3. Die Opportunity bietet die Chance, das Produkt- Potenzial auszubauen (z.B. funktional: Produkte in Richtung andere Verwendungen zu entwickeln). Neue Zielgruppen, Kundenschichten, Regionen und auch das Ausland könnte neue Wirkungsfelder bieten.

      Nach der SWOT- Analyse sind Ansätze für die nachfolgenden Methoden erkennbar:

d) Abseits eingetretener Pfade können ganz neue Ideen entstehen. Diese können gemeinschaftlich im Team erarbeitet werden: die 635-Methode.

e) Neue Ideen zu Entwicklungsmöglichkeiten an bestehenden Produkten können entstehen: die Osborne-Checkliste.

f) Veränderungen an bestehenden Produkten können sich als überaus sinnvoll erweisen:
   die morphologische Matrix.

g) Es können sich aus vorhergehenden Phasen mehrere Alternativen herausgebildet haben.
Diese Alternativen sind zu bewerten, eine Priorisierung nach eigenen Kriterien muss erfolgen. Hier helfen einfache Methoden zur Entscheidungsfindung.

h) Wie viel Nutzen bringt mir die Umsetzung einer Idee? Diese Frage in Abgrenzung zwischen verschiedenen Alternativen zu beantworten, hilft die Nutzwertanalyse.

i) Am Ende der Nutzwertanalyse ist die Existenz mindestens eines guten Ansatzes erwartbar.

   1. Bleibt die Frage, ob dieser Ansatz real umsetzbar oder vielleicht doch zum Scheitern verurteilt ist. Hier unterstützt eine einfache Art der Entscheidungstabelle oder die Checkliste zur „No- Go Entscheidung".

   2. Die Risiken der Umsetzung müssen begutachtet und analysiert werden.
   Dazu müssen die Risiken dem zu vermutenden Mehrwert gegenübergestellt werden.

j) Am Ende steht optimal ein favorisierter GFE- Ansatz, den es weiterzuverfolgen gilt.

Die SWOT- Analyse

Die SWOT- Analyse (engl. Für (S)trengths [Stärken], (W)eaknesses [Schwächen], (O)pportunities[Chancen] und (T)hreats [Gefahren]) ist ein Werkzeug des strategischen Managements, das für verschiedenste Zwecke eingesetzt wird. Im Bereich der GFE dient die SWOT- Analyse einer aktuellen Standortbestimmung. Wo bin ich gut, wo bin ich weniger gut? Daraus resultierend kann die Frage beantwortet werden: Wo bin ich chancenreich, wo angreifbar?

Mit der Erkenntnis, wo speziell ein Unternehmen die größten Stärken aufweist, hier also vermutlich auch Wachstumspotenzial hat, können gezielt die erfolgversprechenderen Wege einschlagen werden. Sollte das Ziel allerdings Schwächenbeseitigung heißen, so können auch aufgedeckte Schwachstellen des eigenen Hauses gezielt ausgemerzt und bearbeitet werden.

Mittels dieser einfachen wie auch flexiblen Methode werden sowohl innerbetriebliche Stärken und Schwächen (Strength-, Weaknesses) als auch externe Chancen und Gefahren (Opportunities- Threats) betrachtet, welche die Handlungsfelder des Unternehmens betreffen. Aus der Kombination der Stärken/ Schwächen- und der Chancen/ Gefahren- Analyse kann eine ganzheitliche Strategie für die weitere Ausrichtung der Unternehmensstrukturen und der Entwicklung der Geschäftsprozesse und GFE- Maßnahmen abgeleitet werden. Die Stärken und Schwächen sind dabei relative Größen und können erst im Vergleich mit den Konkurrenten innerhalb der Branche beurteilt werden.

Die SWOT- Analyse ist ein weit verbreitetes Instrument der Situationsanalyse, welches nicht nur in der strategischen Unternehmensplanung eingesetzt wird. Innerhalb des Marketings lässt sich der SWOT- Ansatz z.B. im Bereich der Produktpolitik, insbesondere für die Festlegung des Produktlebenszyklus einsetzen. Auch in der Standortwahl kommt diese Methode zum Einsatz, etwa im Rahmen einer Standortanalyse, um die optimale Region für eine Niederlassung herauszufinden oder ein Gebiet (Industriegebiet, Großraum) bezüglich der Absatzpotenziale zu beurteilen.

Die Dimensionen des SWOT- Analysemodells werden in einer SWOT-Matrix dargestellt, die wie folgt aufgebaut ist:

SWOT-Analyse	Interne Analyse	
	Stärken (Strengths)	Schwächen (Weaknesses)
EXTERN Chancen (Opportunities)	S- O -Strategien: Verfolgen von neuen Möglichkeiten, die gut zu den Stärken des Unternehmens passen.	W - O -Strategien: Schwächen eliminieren, um neue Möglichkeiten zu nutzen.
Gefahren (Threats)	S- T- Strategien: Stärken nutzen, um Bedrohungen abzuwenden.	W –T -Strategien: Verteidigungen entwickeln, um vorhandene Schwächen nicht zum Ziel von Bedrohungen werden zu lassen.

Tab.: SWOT-Matrix

Die SWOT- Analyse kann mit einem speziell nach außen gerichteten Fokus vorgenommen werden. In der externen Analyse wird die Unternehmensumwelt untersucht. In diesem Zusammenhang spricht man auch von der Umweltanalyse. Die Chancen/ Gefahren kommen von außen, und ergeben sich aus Veränderungen im Markt, in der technologischen, sozialen oder ökologischen Umwelt. Die Umweltveränderungen sind für das Unternehmen vorgegeben, die hier wirkenden Kräfte sind weitgehend exogen. Das Unternehmen beobachtet oder antizipiert diese Veränderungen und reagiert darauf mit Strategieanpassung.

Für den Bereich der GFE ist aber auch die nach innen gerichtete Reflexion notwendig. Die so genannte Inweltanalyse beinhaltet die Suchen nach intern resultierenden Stärken und Schwächen. Die Stärken/ Schwächen ergeben sich aus der Rückspiegelung auf das Unternehmen selbst, also aus der Introspektion, d.h. der Innensicht des Unternehmens. Man spricht deshalb synonym von der Inweltanalyse. Da diese Stärken/ Schwächen vom Unternehmen selbst verursacht werden, handelt es sich in diesem Fall um das Ergebnis organisatorischer Prozesse.

Nun wird versucht, den Nutzen aus Stärken und Chancen (extern/ intern) zu maximieren und die Verluste aus Schwächen und Gefahren zu minimieren. Hierzu wird gezielt nach folgenden Kombinationen gesucht, mittels derer dann ermittelt wird, welche Initiativen und Maßnahmen sich daraus ableiten lassen:

SO Stärke/ Chancen- Kombination:
Welche Stärken passen zu welchen Chancen?
Wie können Stärken eingesetzt werden, so dass sich die Chancenrealisierung erhöht?

ST Stärke/Gefahren-Kombination:
Welchen Gefahren können wir mit welchen Stärken begegnen?
Wie können welche Stärken eingesetzt werden um den Eintritt bestimmter Gefahren abzuwenden?

WO Schwäche/ Chancen- Kombination:
Wo können aus Schwächen Chancen entstehen?
Wie können Schwächen zu Stärken entwickelt werden?

WT Schwäche/ Gefahren- Kombination:
Wo befinden sich die Schwächen und wie kann Schaden begrenzt oder vermieden werden?

Es können durchaus mehrere Stärken zur Realisierung einer Chance oder Vermeidung einer Gefahr eingesetzt werden. Die größten Bedrohungen sind dort zu vermuten, wo eine Kombination von Schwächen einer oder mehrere Gefahren gegenübersteht.

Aufgrund dieser Kombinationen müssen dann passende Strategien entwickelt und aufeinander abgestimmt werden. Hierbei handelt es sich sicher um den anspruchsvollsten Teil des Vorgehens.
Die Kernstrategien werden abschließend in die Vierfeld- Matrix eingetragen.

Die folgenden Fehler können häufig in veröffentlichten SWOT- Analysen beobachtet werden:

- Durchführung einer SWOT- Analyse ohne vorab ein Ziel (einen Soll- Zustand) zu vereinbaren.
- SWOT- Analysen sollten immer bezogen auf ein Ziel erstellt und nicht abstrakt gehalten werden. Wird der gewünschte Soll- Zustand nicht einvernehmlich vereinbart, werden die Teilnehmer unterschiedliche Soll- Zustände erreichen wollen, was zwangsläufig zu schlechteren Resultaten führt.
- Externe Chancen werden oft mit internen Stärken verwechselt, sie sollten streng auseinander gehalten werden.
- SWOT- Analysen werden häufig mit möglichen Strategien verwechselt. SWOT- Analysen beschreiben jedoch ihrerseits Zustände, während Strategien Aktionen beschreiben. Um diesen Fehler zu vermeiden, ist es hilfreich, bei Chancen an "günstige Bedingungen" zu denken und bei Risiken an "ungünstige Bedingungen".

Bei der SWOT- Analyse wird keine Priorisierung vorgenommen. Es lassen sich keine konkreten Maßnahmen ableiten, somit muss sich immer ein weiterer Prozess anschließen. [15]

---

[15] angelehnt an http://de.wikipedia.org/wiki/SWOT-Analyse Stand Mai 2007

Es kann nicht oft genug darauf verwiesen werden, dass in der GFE die Generierung von Neugeschäft im Vordergrund steht. Somit ist es zweckmäßig, den Fokus auf die ermittelten Stärken und die daraus resultierenden Chancen eines Unternehmens zu lenken.

Beispiel: Die SWOT-Analyse hat ergeben, dass mein Unternehmen besonders stark in der Verfolgung von Markttrends ist, also eine Art Trendsetter-Funktion einnimmt. Daraus ergibt sich die Chance, die Trendsetter-Funktion am Markt zu stärken und noch mehr das Thema Innovation zu fokussieren. Alle GFE-Maßnahmen sollten daher das Vorantreiben unternehmerischer Innovation zum Ziel haben.

> Jedes Ding hat den Wert, den der Käufer zu zahlen bereit ist.
> Publius

> Wenn ich so viele Dinge erreicht habe, so liegt das daran, dass ich immer nur eine Sache zur gleichen Zeit wollte.
> William Pitt

> Überlegenheit kann nur intern entstehen. Man kann sie nicht am Markt einkaufen.
> Hermann Simon

> Der Intellekt hat ein scharfes Auge für Methoden und Werkzeuge, aber er ist blind gegen Ziele und Werte.
> Albert Einstein

Die 5- Ws und was dann kommt

GFE sollte vorausschauend, anti- zyklisch und methodisch ausgeübt werden. Bahnt sich einmal eine GFE- Maßnahme als Notfallmaßnahme und Rettungsversuch eines Geschäftsbereiches an (z.B. in Krisensituationen, in denen eine neue Portfolio-Konsolidierungsmethode gefunden werden muss), dann kann ersatzweise nach der Methode der 5Ws vorgegangen werden. Die Methode der 5Ws entstammt dem Bereich der Ersten- Hilfe- Maßnahmen und soll ursprünglich Ersthelfern eine sehr simple und leicht memorierbare Methode der Orientierung beim Absetzen des Notrufs bieten.

Im Sinne der GFE kann diese als eine Art „SWOT-Analyse light", die schnell Ergebnisse bringen soll, zum Einsatz kommen. Die Besonderheit liegt in der Parallele zum Einsatz eines Ersthelfers:

- Keine Zeit
- Keine Hilfe von außen (z.B. durch Berater)
- Es können nur schnell wirkende stabilisierende Maßnahmen ergriffen werden

Wo?
...im Unternehmen besteht Handlungsbedarf und welcher Bereich bedarf jetzt absoluter Priorität?
Kann ich die Produktsparte, den Wertschöpfungsbereich, die Abteilung ausmachen?

Was ist passiert?
...welche Probleme gibt es, wie sind diese zustande gekommen und gibt es eine Historie zur Problementstehung?

Wie viele Betroffene?
...gibt es und ist das Gesamtunternehmen oder nur ein Teilbereich in einer akuten Krise?
Welche Auswirkungen hat das Problem?

Welche Verletzungen/ Erkrankungen?
...welche Symptome und welche offensichtlichen Folgen hat das Problem? Kann man es konkret benennen?

Warten auf Rückfragen...
...muss der Ersthelfer, in diesem Fall der GFE-Verantwortliche, auf die Fragen der Unternehmensleitung. Er haftet aber auch für den ersten lebensrettenden schnellen Handgriff und ist hier aus seinem Rollenverständnis heraus eigenverantwortlich.

Wenn also das Problem, die akute Notsituation, in den Auswirkungen voll erfasst ist, gilt es, schnelle Entscheidungen zu treffen. Wie können die Vitalfunktionen (Liquidität: Kredite, Produktionsdrosselung, Verkleinerung), Gefahrenabsicherung (Maßnahmen gegenüber äußeren Einflüssen, Übernahmen, schlechter Presse) sowie seelische Betreuung (Krisenmanagement, Versachlichung) erhalten werden? Die Methode der 5Ws kann durchaus als eine Art anlassbezogene "Swot-light Analyse" gesehen werden. Die 5Ws ermöglichen jedoch ausschließlich eine schnelle Problemanalyse. Die tatsächlichen Maßnahmen können hier methodisch nicht erfasst werden, sondern sind wie in der Ersten Hilfe situationsabhängig zu treffen.

Methode 635

Um Ideen gezielt hervorzubringen und zu verfeinern, kann sich der 635-Methode bedient werden.
Innerhalb der GFE hat sie die Rolle eines Allrounders des gemeinschaftlichen Brainstormings inne.

> Wenn wir keine Fehler machen, heißt das, dass wir nicht genug Dinge ausprobieren.
> Philip H. Knight

Diese auch als Brain-Writing bezeichnete und von B. Rohrbach entwickelte Methode baut auf der Idee des Brainstorming auf.

Das Prinzip ist recht einfach:

- 6 Teilnehmer schreiben
- 3 Ideen auf und diese werden
- 5-mal weitergegeben und weiterentwickelt.

Jeder Teilnehmer erhält ein Blatt mit drei Spalten und 6 Zeilen. In die erste Zeile trägt er seine drei Ideen ein. Danach werden die Blätter jeweils dem Nachbarn weitergegeben, der die Vorschläge liest und in die zweite Zeile drei weitere Vorschläge einträgt. Danach wird das Formular erneut weitergereicht, bis jeder Teilnehmer jedes Formular bearbeitet hat. Die 6 Teilnehmer entwickeln maximal 108 (6 x 3 x 6) Lösungsvorschläge.

In der praktischen Anwendung kann die Zahl der Teilnehmer (4-8) oder die vorgegebene Zeit (üblicherweise 5 Minuten) variiert werden. Während der Sitzung selbst empfiehlt sich Stillschweigen. Die Auswertung erfolgt anschließend mittels einer Analyse der Vorschläge hinsichtlich ihrer Brauchbarkeit.

> Wer nicht verändert, bleibt stehen. Stillstand ist Rückschritt.
> Hans Urs von Balthasar

Drei Phasen der 635- Methode:

1. Vorbereitung der Sitzung
2. Durchführung
3. Auswertung

1 Phase: Die Sitzungsvorbereitung

- Auswahl der 6 Teilnehmer
- Reservierung eines möglichst störungsfreien Raumes
- Einladung der ausgewählten Mitarbeiter ohne Nennung des Themas
- Vorbereitung eines Vordrucks zur Darstellung des Themas
- Berufung eines Moderators für die Gruppensitzung
- Sicherung der Störungsfreiheit während der Zeitdauer der Sitzung

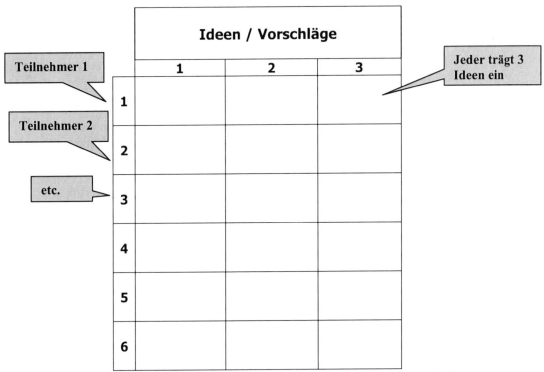

Tab.: Ideenmatrix angelehnt an Steinbuch, Projektorganisation und Projektmanagement.

Die Methode und das Ziel müssen den Teilnehmern ausreichend, am besten mehrfach, transportiert werden. Das zu bearbeitende Thema ist allen notwendigerweise klar und unmissverständlich präsent.

Vor Durchführung der Phase 2 dürfen bei den Teilnehmern keine Fragen mehr bestehen. Sobald ein Teilnehmer sein Ursprungsformular wieder vor sich hat, ist die Phase 2 beendet. Eine vorstellbare Spielart kann die sein, die Formulare in eine weitere Runde zu geben.
Erstaunlicherweise inspiriert jede Runde zu ganz neuen Ideen, schärft selbige oder lässt Differenzierungen der bisherigen Idee zufließen.

2. Phase: Durchführung der Sitzung

- Erläuterung der Vorgehensweise und der Regeln

- Nennung der Problematik des Themas

- Jeder Mitarbeiter schreibt auf den vorbereiteten Vordruck eigene Lösungsalternativen

- Die Vordrucke mit den drei Lösungsalternativen werden jeweils an den rechten Nachbarn weitergegeben

- Nach dem Studium der vorgeschlagenen Lösungsideen schreibt jeder Mitarbeiter drei weitere Alternativen auf.

- Die Vordrucke werden erneut weitergegeben und es wiederholt sich der vorangegangene Schritt.

Die Phase der Auswertung ist der Verantwortlichkeit des Gruppenleiters übereignet. Hier gilt es zu segmentieren, zu qualifizieren und schlussendlich zu priorisieren.

3. Phase: Auswertung und Einordnung der Lösungsideen[16]

- Unmittelbar zur Projektlösung verwendbare Ideen ermitteln

- Zu prüfende und weiter auszuarbeitende Ideen sortieren

- Unbrauchbare Ideen argumentativ ausschalten

---

[16] Anlehnung an: Steinbuch, Projektorganisation und Projektmanagement, S. 279f.

Im Bereich der GFE kann mit dieser Methode jede Form von Innovation aber auch die Abwandlung von Bestandsgeschäft genutzt werden. Es werden neue Ideen produziert, der gemeinschaftliche Austausch ist gewährleistet und Ideen werden sofort reflektiert. Diese Methode kann selbstverständlich in jeder Form abgewandelt werden. Zu Empfehlen ist die vorab eindeutige Zieldefinition. Eine straffe zeitliche Durchführung verhindert das Verzetteln in Einzeldiskussionen.

Die Osborne- Checkliste

Der Beitrag der Osborne- Checkliste für die Umsetzung der GFE besteht darin, bestehende Produkte und Ansätze in eine erweiterte und neu erdachte Verwendung zu überführen. Daher eignet sich diese Methode besonders gut für GFE- Ansätze wie Transfers, Spezialisierung und Produkterweiterung.

Alex Osborne hat bereits 1953 eine Sammlung von Ansatzpunkten veröffentlicht, mit der sich Ideen systematisch variieren lassen. In Form einer Checkliste dienen sie vor allem der Nachbearbeitung bereits gefundener, aber noch veränderungsbedürftiger Ideen. Wie bei jeder eingängigen Methode gibt es auch hier wenig Regeln. [17]

Die auf Alex Osborn, der als Erfinder des „Brainstorming" gelten kann, zurückgehende Osborn- Checkliste dient als Anleitung zu angewandtem Einfallsreichtum insbesondere bei der systematischen Generierung von neuen Produkten und Prozessen.

---

[17] frei nach http://www.kaufwas.com Stand Mai 2007

Der Ausgangspunkt ist eine bestehende und bewährte Idee, aus der gegebenenfalls durch Veränderung derselben neuer Mehrwert gezogen werden kann. „Es geht bei dieser Methodik darum herauszufinden, ob durch Veränderung einer vorhandenen Grundidee dieser noch verbesserungsfähig ist. Diese Veränderung kann insbesondere durch andere Verwendung, Anpassung, Abwandlung, Vergrößerung, Verkleinerung, Ersetzung, Umordnung oder Umkehrung der Ursprungsidee erfolgen."[18]

Er entwickelte mit vier Regeln ein Verfahren, das den Mitarbeitern die Freiheit für neue Ideen schaffen sollte. In den kürzeren deutschen Übersetzungen lauteten diese Regeln:

- Übe keine Kritik!

- Je mehr Ideen, desto besser!

- Ergänze und verbessere bereits vorhandene Ideen!

- Je ungewöhnlicher die Idee, desto besser![19]

Von Osborne stammt auch die Osborne-Methode oder auch Umkehrmethode für geschäftliche und private Problemfelder:

- Wofür kann ich es noch verwenden? Kann ich es anders einsetzen?

- Weist das Problem auf andere Ideen hin? Ist es etwas anderem ähnlich?

- Was lässt sich ändern? Welche Eigenschaften lassen sich umgestalten?

---

[18] http://de.wikipedia.org/wiki/Alex_Osborn
[19] a.a.O.

- Lässt sich etwas vergrößern, hinzufügen, vervielfältigen?
- Lässt sich etwas verkleinern, wegnehmen, verkürzen?
- Was kann ersetzt werden? Welche Bedingungen können geändert werden?
- Kann die Reihenfolge oder Struktur geändert werden?
- Kann die Idee ins Gegenteil gekehrt werden? Kann der Ablauf umgekehrt werden?
- Können Ideen kombiniert oder Personen verbunden werden?

Eine detaillierte Liste von Fragen ist als Osborn-Checkliste bekannt, sie führt anhand dieser Fragen - etwa auf Karten verteilt und zufällig gezogen - durch verschieden Aspekte der Problembetrachtung.[20]

Ein Beispiel für die Anwendung der Osborne- Checkliste ist das folgende:
Ein etablierter Hersteller von Weingummi für Kinder sucht nach einem innovativen Ansatz für eine Produkterweiterung.

Hierzu bedient er sich er der Osborne- Checkliste:

1. Anders verwenden!

Wie kann eine gefundene Idee anders verwendet werden? Welchen Gebrauch kann man von der Idee noch machen? Lässt sich die Sache woanders einsetzen? Kann man die Produkte auch in Formen bringen, die nicht nur Kinder ansprechen, sondern Formen wählen, die auch personalisierte Ansprache an bestimmt Zielgruppen erlauben.

Mann könnte z.B. Unternehmensfarben einbringen, Logoformen abbilden? Oder aber andere Zielgruppen, z.B. ältere Leute ansprechen? Das Ziel könnte also sein eine andere Zielgruppe anpeilen. Z.B. Senioren.

---

[20] a.a.O.

2. Anpassen!

Was ist so ähnlich wie die geäußerte Idee? Welche Parallelen lassen sich ziehen? Lässt sich die Idee gruppieren? Auf welche anderen Ideen weist sie hin? Zeigt die Vergangenheit eine Parallele? Wem könnte man nacheifern?

Kann die Idee, ältere Bürger anzusprechen ggf. auch über die Verpackung erreicht werden? Z.B. über ein Logo mit einem älterem sympathischen Herren, sowie einen Hinweis auf enthaltene "Altersmineralien". Es gab in letzter Zeit pfiffige Werbung für Kräuterlikör, der vermeintlich jung hält. So etwas kann auch für Weingummiprodukte möglich sein: Nascherei für Senioren.

3. Ändern!

Kann man Bedeutung, Farbe, Bewegung, Klang, Geruch, Form, Größe usw. verändern bzw. umgestalten?

Es ist auch denkbar, einen kleinen Pinnchenkrug aus Weingummi zu vermarkten. Hier kommen zusätzlich "Originalitätspunkte" dazu. Man könnte dunkle, pinnchenförmige Weingummis mit Kräutergeruch herstellen.

4. Vergrößern!

Was kann man hinzufügen? Mehr Zeit? Größere Häufigkeit? Stärke? Höhe? Länge? Dicke? Verdoppeln? Multiplizieren? Vervielfältigen? Übertreiben? Vergrößern!

Diese Weingummis könnten Melissenextrakt, grünen Tee und Ginsengextrakt enthalten.
Etwas größer sollten sie sein, so dass man nur eines in den Mund bekommt.

5. Verkleinern!
Was kann man wegnehmen? Kleiner? Kompakter? Kondensierter? Tiefer? Kürzer? Dunkler? Weglassen? Aufspalten? Untertreiben?

Wir bestücken einen Testmarkt, veranstalten ein Preisausschreiben und testen das Produkt nur auf dem "Inselmarkt" Berlin. Hier wird der Zielmarkt kleiner.
Diese Weingummis enthalten keinen Zucker, wenig Süßstoff. Die Packung ist halb so groß, weil es keine Süßigkeit mehr ist. Das Vorhaben und dessen Erfolg werden in Berlin getestet.

6. Ersetzen!
Was kann man an der Idee ersetzen? Wer oder was kann an ihre Stelle treten? Kann man anderes Material verwenden? Kann man den Prozess anders gestalten? Andere Kraftquellen? Neue räumliche Bedingungen, Stellungen und Positionen? Andere Tonlagen? Ersetzen!

Wir ersetzen den Zielmarkt "Ältere Mitbürger" mit ""Vereinsmitgliedern in geselligen Zusammenkünften". Und vermarkten unser "Ein- Gummi-Pinnchen". Hier wird die Position des Produktes abgewandelt. Die Weingummis enthalten keine Gelatine, nur Carrageen. Das führt nicht zu Verstopfung. Die Werbung zeigt nicht mehr Jugendliche beim Klettern, sondern ältere Mitbürger in der Freizeit.

7. Umstellen!
Kann man Teile oder ganze Passagen austauschen? Andere Strukturen einfügen? Andere Reihenfolge? Kann man Ursache und Folge austauschen? Lassen sich die Geschwindigkeit, der Plan verändern?

Die Werbung zeigt nicht "aktive Junge", sondern "aktive Senioren".

8. Umkehren!

Lassen sich Positiv und Negativ austauschen? Wie steht es mit dem Gegenteil? Kann man es rückwärts statt vorwärts bewegen? Kann man die Positionen vertauschen? Kann man es völlig umdrehen?

Wir adressieren die kauffreudigere Seite der Alterspyramide. Wir sprechen die älteren Teenager mit einem Schnapspinnchen aus Weingummi (Colageschmack) an. Wir kehren die Zielgruppe um.
Bsp.: Diese Weingummis könnte nach Cola schmecken und Jugendlichen gefallen.

9. Kombinieren!

Kann man Einheiten kombinieren? Kann man Absichten in Verbindung bringen? Kann man Ideen bzw. Personen in Beziehung setzen? Wie steht es um Mischung, Legierung, Zusammensetzung, Vereinigung?

Wir haben kein Weingummi für Kinder mehr vor uns. Es handelt sich nun um ein gesundes Nahrungsergänzungsmittel, andere Inhaltsstoffe, andere Farbe, anderer Zweck, andere Zielgruppe. Die Maschinen zur Produktion werden sowieso umgestellt. Wir unterscheiden daher gleich 2 neue Produktansätze: „Pinnchen mit Colageschmack für die Zielgruppe der Jugendlichen", und "Pinnchen mit Mineralstoffanteil und Kräuterauszügen für ältere Mitbürger".
Wir kooperieren zudem mit einem Hersteller (Marktführer) für Kräuterlikör. Dieser hängt ein eingeschweißtes Pinnchen als "Verkaufshebel" an seine Flaschen. Wir bekommen die Herstellungskosten anteilig erstattet sowie auf diese Weise kostenlose Werbung,
Der Likörproduzent profitiert von einem kostenlosen Vertriebs- Hebel.

Tab.: Osborne - Checkliste

Im Verlauf der Abarbeitung der Liste kann es schon frühzeitig zu "der" guten Idee kommen – es steigt weisser Rauch auf ähnlich wie im Vatikan. Es sollte dann nicht zwanghaft versucht werden, die weiteren Schritte anzukoppeln. Diese müssen als Alternativen ODER Ergänzungen gesehen werden.

Diese Liste kann zu einer Fülle sehr unterschiedlicher Lösungsansätze verhelfen, selbst wenn sie nur auf eine einzige, zunächst phantasielose Grundidee angewendet wird. Die Liste soll nicht sklavisch abgehakt, sondern vielmehr zum Spielen mit dem Problem benutzt werden. Natürlich können und müssen die Fragen in der Checkliste der spezifischen Problemsituation angepasst und teilweise ergänzt werden.

Durch ihre sehr allgemein und abstrakt gehaltene Konzeption ist die Osborne-Checkliste praktisch für jeden Themenbereich anwendbar. Sie gibt auch eine relativ vollständige Zusammenfassung darüber, welche kognitiven Grundoperationen zur Findung neuer Ideen überhaupt möglich sind.[21]

> Führen heißt wissen, was man will.
> Thomas Ellwein

---

[21] angelehnt an http://www.kaufwas.com/bk/wissen/kreativ/481.htm Stand Februar 2007

Die Morphologische Matrix

Eine GFE- Idee kann die Weiterentwicklung oder Abwandlung bestehender Produkte beinhalten.
Zur methodischen Ideengenerierung eignet sich hier die Morphologische Matrix.

Die morphologische Matrix basiert auf der Analyse eines Problems, wobei das Problem in kleinere Einheiten aufgespaltet wird. Für jedes Teilproblem wird eine Teillösung entwickelt und anschließend werden alle Teillösungen zu einer Gesamtlösung kombiniert. Hieraus erwachsen verschiedenste alternative Modelle, die es zu bewerten gilt.
Im Grunde werden alle Eigenarten eines Produktes in möglichst viele Ausprägungen formuliert.
Daraus lassen sich dann die besten Alternativen ableiten.

Hinsichtlich der Produktentwicklung eignet sich die Morphologische Methode, um alle denkbaren Kombinationsmöglichkeiten an Merkmalsausprägungen darzustellen und auf ihre Eignung hin zu prüfen. Viele der Möglichkeiten werden aufgrund technischer oder wirtschaftlicher Gegebenheiten sinnlos sein. Doch möglicherweise werden auch zukunftsträchtige Kombinationsmöglichkeiten erkannt, an die bisher noch niemand gedacht hat. Diese sind anhand geeigneter Kriterien (Preis, Funktion, Herstellungskosten, Absatzchancen, bestehende Konkurrenzprodukte, etc.) weiter zu analysieren. Wenn diese in besonders hohem Maße Kundenerwartungen wecken und zugleich technisch herstellbar sind, ist der Weg frei für eine Produktinnovation.[22]

> Wettbewerb ist ein Verfahren, Faulenzer und Fleißige zu trennen.
> Hermann Simon

---

[22] http://www.ibim.de/techniken/3-3.htm

In der Lehre sieht das so aus:

Fünf Arbeitsschritte zur Ideenfindung nach Fritz Zwicky[23]

1. Schritt: Genaue Umschreibung oder Definition sowie zweckmäßige Verallgemeinerung eines vorgegebenen Problems.

    Beispiel: Ein Druckermodell soll weiterentwickelt werden, ggf. für eine spezielle Zielgruppe.

2. Schritt: Genaue Bestimmung und Lokalisierung aller die Lösungen des vorgegebenen Problems beeinflussenden Umstände, das heißt mit anderen Worten Studium der Bestimmungsstücke oder wissenschaftlich ausgedrückt, der Parameter des Problems.
Welches sind die wichtigsten Funktionen oder Merkmale des Produkts?

    Beispiel: Drucker verfügen über eine spezielle Form, einen Anschluss, Papiereinzug etc.

3. Schritt: Aufstellung des Morphologischen Kastens oder des morphologischen viel-dimensionalen Schemas, in dem alle möglichen Lösungen des vorgegebenen Problems ohne Vorurteile eingeordnet werden. Welche möglichen Ausprägungen gibt es für die einzelnen Merkmale?

    Beispiel: Die Eigenart: „Gehäuseform" wie auch alle anderen Eigenarten werden mit entsprechenden denkbaren Ausprägungen versehen. Im Falle der Gehäuseform: quadratisch, rechteckig, oval, rund.

---

[23] **Fritz Zwicky** war ein schweizerisch-amerikanischer Physiker und Astronom. Er gilt als Mitbegründer der morphologischen Analyse und Forschung

4. Schritt: Analyse aller im Morphologischen Kasten enthaltenen Lösungen auf Grund bestimmt gewählter Wertnormen. Analyse der Alternativen, die sich durch die Kombination der einzelnen Merkmale ergeben. Dazu werden alle denkbaren Kombinationen systematisch miteinander verknüpft und auf ihre Eignung geprüft.

Beispiel: Ich überlege, welche Kombination von Merkmalsausprägungen sinnvoll sein könnte.

5. Schritt: Wahl der optimalen Lösung und Weiterverfolgung derselben bis zu ihrer endgültigen Realisierung oder Konstruktion sowie eine Verfeinerung in der Entwicklung.

Beispiel: Ein rechteckiger Drucker, im Gehäuse aus Aluminium, mit Regenbogenaufdruck, hohem Einzugsblattfach (100 Blätter), mit WLAN-Interface und bei sowohl s/w wie auch farbigem Druck bei hoher Kartuschenausbeute ohne nutzlose Extras und ohne zwingenden Wartungsvertrag entspricht:
* funktionales wie auch modernes Design
* praxiserprobte Funktionalität, moderner WLAN- Architektur bei
* konkurrenzfähige Produktionskosten.
* zudem enthält der Ansatz innovative Aspekte

Beispiel: Tintenstrahldrucker

Merkmal	Ausprägungen			
	1	2	3	4
Gehäuse-Form	Quadratisch	***Rechteck***	Oval	Rund
Gehäuse-Material	Stahl	Kunststoff	***Aluminium***	Holz
Gehäuse-Farbe	Grau	Grün-gelb	Gold	***Regenbogen***
Papiervorrat	Einzel	10 Blatt	50 Blatt	***100 Blatt***
Anschluss	USB	COM	Infrarot	***Funk***
Tinte	Schwarz	2-Patronen, s/w und Farbe	3 Patronen	***4 Patronen***
Tintenpatronen Volumen	20 ml	***30 ml***	40 ml	60 ml
Druck-geschwindigkeit	2 Blatt / min	10 Blatt / min	***40 Blatt / min***	60 Blatt / min
Service	Kein Service	***Garantie mit Vor-Ort-Service***	24 Stunden Service kostenlos	24 Stunden Service
Zusatzfunktion	Scanner	Kopierer	Anrufbeantworter	***keine***

Tab.: Die Morphologische Matrix

Die fett gedruckten Felder stellen die anzustrebenden, Erfolg versprechenden Kombinationsmöglichkeiten dar.

Priorisierung und Entscheidung für die richtige Alternative

An dieser Stelle könnten nach Abschluss der SWOT- Analyse, der Methode 365, der Morphologischen Matrix sowie der Osborn- Methode verschiedene vermeintlich taugliche GFE Ansätze miteinander in Konkurrenz stehen. Sind eine oder im Idealfall mehrere Methoden durchgeführt und die Ergebnisse qualitativ vergleichbar, gilt es jetzt abzuwägen, welche Ansätze im Sinne von Ressourcenbegrenzung und Realisierbarkeit ausgewählt werden sollen. Die klassische BWL sieht für die Auswahl von Alternativen dabei das Instrument der Entscheidungstabelle vor. Diese ist in ihrer Beurteilungsfindung sehr generisch und sieht die Alternativen eher binär (d.h. etwas ist zu tun oder eben auch nicht). Im Bereich der GFE sollte eine sehr vereinfachte Form der Entscheidungstabelle genügen. Diese trägt noch eher die Merkmale einer einfachen Nutzwertanalyse.

> Sie können machen, was Sie wollen, aber machen Sie bitte das Richtige.
> Klaus Grohmann

Die Ergebnisse der GFE- Betrachtung (der Antwort auf die Frage: Welche möglichen GFE- Maßnahmen gibt es) sollten priorisiert werden. Nachdem mehrere Handlungsalternativen herausgearbeitet wurden, sollte noch einmal Klarheit über den vermuteten und angestrebten Nutzen gewonnen werden. In jedem Fall ist sich für die GFE- Alternative zu entscheiden, die die meisten Vorteile und das höchste Ausschöpfungspotenzial in sich birgt.

Unterstützend können die unternehmenskritischen Aspekte einer GFE- Idee in eine Tabellenspalte eingefügt werden, wobei die relative Bedeutung jedes einzelnen Aspektes in einen %- Wert münden muss. Die Zielerreichung jedes GFE- Ansatzes (als Beispiel 1-5) führt zusammengenommen zu einer Gesamtgewichtung. Diese ergibt eine greifbare Zahl hinsichtlich der Vorteilhaftigkeit eines Ansatzes.

Der Endvergleich der Ergebnisse ist entsprechend zu bewerten und führt zu der(n) erfolgsversprechendsten Alternative(n).

Das nachstehende Beispiel liefert einen Anhaltspunkt:

Maßnahme A			
Aspekte	Gewichtung in %	Erreichte Punkte 1=gering 5= hoch	Ergebnis (Gewichtung * Punkte)
Erfolgsaussichten	50%	4	2
Umsetzbarkeit	25%	4	1
Innovationsgesichtspunkt	10%	3	0,3
Kostenfreundlichkeit	10%	4	0,4
Risikofreiheit	5%	5	,25
Ergebnis	**100%**		**3,95**

Tab.: Prioritätenmatrix

Die Aspekte sind so zu formulieren, dass die Bewertbarkeit in eine Richtung zeigt. Beispiel: Einen Aspekt "Risiko" mit "Hoch" zu bewerten, führte zu einem hohen Ergebniswert. Dies verzerrt das Ergebnis. So kann wie im o.g. Beispiel die Formulierung "Risikofreiheit" heißen. Die Bewertung hier (z.B. Formulierung: Risikofreiheit) passt in das Schema.

Diese Betrachtung ist für jede Entscheidungsalternative durchzuführen. Die höchsten Ergebniswerte "gewinnen". Eine kleine Anzahl von favorisierten Alternativen kann dann verfolgt werden und genießt Priorität. Selbstverständlich sind bei der Bewertung der Alternativen die zu beurteilenden Aspekte und die Gewichtung statisch.

Die Go/ No- Go Tabelle

Es wurde schon an früherer Stelle eindringlich darauf hingewiesen, dass nicht jede Idee und jeder neue Ansatz um jeden Preis verwirklicht werden dürfen. Es gilt, gewissenhaft und gründlich die Für- und Wider eines GFE- Ansatzes zu erfassen wie auch methodisch zu bewerten. Ein Ansatz kann unter Umständen für das gesamte Unternehmen oder auch für einzelne Bereiche oder einzelne Mitarbeiter unvorteilhaft sein. Der GFE- Verantwortliche selbst setzt sich seinerseits schon einem hohen Risiko aus, kann er sich bei der Umsetzung einer Idee des absoluten Rückhaltes der Geschäftsleitung nicht sicher sein.

Die Entscheidung, einen Ansatz nicht weiter zu verfolgen (es handelt sich hier um die so genannte No- Go- Entscheidung), kann exemplarisch aus folgenden Gründen die richtige Entscheidung sein:

- Zu viele Kritiker im Unternehmen lassen die Durchführung undurchführbar erscheinen (kein Rückhalt).
- Das wirtschaftliche Risiko ist unkalkulierbar.
- Der Ansatz ist nicht zeitnah umzusetzen und könnte für seinen Markt zu spät kommen.
- Der jetzige Unternehmenszweck hat mit dem neuen Ansatz zu wenige Gemeinsamkeiten.
- Es kann keine realistische Erfolgsabschätzung getroffen werden.

Man kann eine solche No- Go Entscheidung leicht visualisieren.
Es ist einzig eine Tabelle, die Für(+)- und Wider(-) einander gegenüberstellt, mit entsprechender Bewertung zu erstellen.

(+) Faktor	Relevanz (1-5)	(-) Faktor	Relevanz (1-5)
Unternehmenswachstum ggf. +20%	2	Mitbewerbsbedrohung	3
Innovationsvorsprung	3	Hohes Investitionserfordernis	3
....		....	
(+) Summe		(-) Summe	
Saldo		-1	

Tab.: Go/ No-Go-Tabelle

Der Saldo der Ergebnisfunktion hat keine verpflichtende Aussage. Ebenso wenig reflektiert (wie etwa bei der Nutzwertanalyse) die Tabelle die Wertigkeiten der Argumente in %- Anteilen.
Sinnstiftende Komponente ist hier, ein Nachdenken zu den verschiedenen Faktoren anzuregen.
Das Ergebnis der Bewertung steht in der Regel vorher fest und wird durch die oben genannte Matrix mit Argumenten gefestigt. An dieser Stelle gilt es lediglich, die Argumente zu benennen, eine Diskussion über Wertigkeiten und Ausprägungen ist in der Phase der „Go/- No-Entscheidung" eher hinderlich. Ein echtes Ergebnis auszurechnen ist nicht möglich- der Saldo ist lediglich eine Entscheidungs-Tendenz.

> Ein kleiner Irrtum am Anfang wird am Ende ein großer.
> Giordano Bruno

> Was du für den Gipfel hältst, ist nur eine Stufe.
> Seneca

> Ein kühnes Beginnen ist halbes Gewinnen.
> Heinrich Heine

Nutzwertanalyse (NWA)

Die Nutzwertanalyse kann eine stark differenzierte Priorisierung verschiedener Alternativen sehr methodisch und genau ermitteln und beschreiben. Mittels dieser Methodik lassen sich beispielsweise die Vorteilhaftigkeiten verschiedener GFE- Alternativen nebeneinander stellen und beurteilen.

Die Nutzwertanalyse umschreibt ein systematisches Verfahren zur Bewertung von Produktideen, bei dem den zur Bewertung relevanten Eigenschaften der Idee durch Vergleiche mit festzulegenden Wertskalen Werte zugeordnet werden.[24]

> Wenn ich immer neue Ideen zu bearbeiten habe, werde ich wie krank.
> Johann Wolfgang von Goethe

> Nicht weil es schwer ist, wagen wir's nicht, sondern weil wir's nicht wagen, ist es schwer.
> Seneca

Die Nutzwertanalyse ist eine Methode, deren Verwendung sich hauptsächlich in der Bewertung von Produktideen findet. Sie kann als Standard immer dort zum Einsatz kommen, wo verschiedene Lösungsalternativen zu beurteilen sind. Dies können ganze Projekte oder auch Konzeptalternativen sein.

Wichtige Voraussetzungen dafür sind:

- Das Unternehmen ist sich über Ziele und Motive im Klaren, um das Zielsystem aufstellen zu können.

- Der Anwender benötigt aufgrund des einfachen theoretischen Hintergrunds kein spezielles Training, sollte jedoch in der Ausarbeitung unabhängiger Kriterien, deren Gewichtung und der Aufstellung von Entscheidungsregeln erfahren sein.

---

[24] angelehnt an http://rpkhome.mach.uni-karlsruhe.de/ Stand Mai 2007

Die eigentliche Durchführung einer Nutzwertanalyse umfasst folgende Arbeitsschritte:

<u>Zielbestimmung und Zielgewichtung</u>

Zunächst muss ein Zielsystem mit den relevanten Zielkriterien aufgestellt sowie eine ausreichende Präzisierung der Bewertungskriterien (Eigenschaften) vorgenommen werden. Hier sind Oberziele und dazugehörige Unterziele zu definieren und ihre Wichtigkeit für den Produkterfolg zu bestimmten.

1. Beschreibung der Alternativen
   In einem ersten Schritt erfolgt die Skalierung der Kriterien. Damit später eine einheitliche Punktvergabe möglich ist, ist es sinnvoll, für alle Eigenschaften die gleiche Anzahl an Ausprägungen zu wählen (etwa 5 bis 7 Klassen). Die Kriterien lassen sich mit ihren Ausprägungsmöglichkeiten in einer Checkliste festhalten.

2. Bewertung der Alternativen
   Im zweiten Schritt werden die Kriterien zunächst gewichtet, d.h. es werden, entsprechend ihrem Einfluss auf den Gesamtnutzen eines Produktes, Gewichtungsfaktoren für die Merkmale bestimmt. Nun ordnet man den einzelnen Stufen der Bewertungsskala Punkte (Teilnutzwerte) zu. Bei messbaren Eigenschaftsausprägungen kann dies durch eine Teilnutzfunktion und bei qualitativen Kriterien mittels einer Wertetabelle geschehen. Jedes alternativ zur Wahl stehende Projekt ist anschließend anhand der festgelegten Zielkriterien zu bewerten. Da eine derartige Bewertung nicht immer ganz einfach ist, kann eine jeweils pessimistische, eine bestmögliche mittlere sowie eine optimistische Bewertung vorgenommen werden. Auf diese Weise ist es möglich, den Bereich, in dem die Nutzwerte liegen können, abzugrenzen und so einen Einblick in das Entscheidungsrisiko zu erhalten.

3. Wertsynthese und Rangfolgenbildung
Für die Wertsynthese und Rangfolgenbildung im vierten Schritt können die Punkte additiv oder multiplikativ miteinander verknüpft werden.
Bei der additiven Verknüpfung werden die Punkte mit den Gewichtungsfaktoren der Merkmale addiert und diese gewichteten Teilnutzwerte über alle Merkmale zum Nutzwert des jeweiligen Produktvorschlages summiert.
Im Gegensatz dazu werden die gewichteten Teilnutzwerte bei der multiplikativen Verknüpfung zum Gesamtnutzwert des jeweiligen Produktvorschlages multipliziert.
Die additive Vorgehensweise sollte immer dann gewählt werden, wenn die Kriterien stark unterschiedliche Gewichtung aufweisen. Die multiplikative Verknüpfung wird dagegen bevorzugt, wenn Produkte mit ausgewogenem Profil erwünscht sind.

Die Vorteile der Nutzwertanalyse sind hierin zu sehen:

- Sie sind weniger umfangreich und zeitraubend als Checklisten.

- Sie ermöglichen die direkte Vergleichbarkeit der einzelnen Kriterien.

- Sie machen eine flexible Anpassung an spezielle Erfordernisse realisierbar.

Die Nachteile der Nutzwertanalyse sind hierin zu sehen:

- Eine seriöse Bewertung ist oft sehr zeit- und arbeitsintensiv.

- Der ermittelte Nutzwert beinhaltet durch die Gewichtungen und Punktzuordnungen ein hohes Maß an Subjektivität.

- Es besteht die Gefahr einer bloßen schematischen, auf die aufgeführten Kriterien beschränkten, Bewertung.

Eine Fülle von Beispielen und Vorgehensmodellen bezüglich dieser Thematik kann in vielfältiger Form im Internet frei zugänglich angeschaut werden. Auf eine ausführliche beispielhafte Darstellung wurde seitens des Autors daher verzichtet.

Risikomanagement

An dieser Stelle kommt erneut der Aspekt zur Geltung, dass die Verwirklichung eines neuen GFE- Ansatzes neben Chancen auch Risiken birgt, die im Vorfeld erkannt, benannt und bewertet werden müssen. Nur wenn dies geschieht, kann im Vorfeld der Realisierung einer Idee die erforderliche Risikovermeidung betrieben werden. Ebenso können Vorkehrungen getroffen werden, um eventuell eintretenden Schadens- oder Problemsituationen vorausschauend zu begegnen. Erst anschließend sollte die Durchführung des neuen GFE- Ansatzes vorangetrieben werden.

Im Folgenden werden die klassischen Phasen der betriebswirtschaftlichen Risikoanalyse umrissen:

Risikoidentifizierung
In dieser Phase dreht sich alles um die Lokalisierung von Spannungsfeldern.
Risiken werden benannt und formuliert.

Risikobewertung
Die Risikobewertung umfasst die Ermittlung von Eintrittswahrscheinlichkeiten und der möglichen Schadenshöhe. Die Risikobewertung folgt einem strukturierten Ansatz, das Risiko einzuordnen und einen Einblick in die das Risiko positiv oder negativ beeinflussenden Faktoren zu bekommen. Je höher die Wahrscheinlichkeit der möglichen Schadenshöhe ist, umso stärker ist das Projekt gefährdet und muss notwendigerweise radikal umgeplant oder beendet werden.

Risikomanagement

Diese Phase wird von so genannten Risikomanagern durchgeführt. Im Falle einer Maßnahme im Bereich GFE ist der Risikomanager i.d.R. der GFE- Verantwortliche selbst. Diese Funktion kann aber ebenso ein externes Beraterunternehmen übernehmen bzw. ein Projektteam aus dem Unternehmen selbst. Sie entscheiden, ob eine Risikobewertung nötig ist, um ein Problem zu lösen, und unterstützen die Gutachter bei ihrer Arbeit. Wenn die Risikobewertung abgeschlossen ist, nutzen die Risikomanager die Ergebnisse, um über den weiteren Umgang mit dem Risiko zu entscheiden. In der Folge ist es auch deren Aufgabe, die Ursachen des Risikos zu identifizieren, um darauf optimal reagieren zu können.

Muss das Risiko reduziert werden, hat das Risikomanagement die geeignetste(n) Maßnahme(n) dafür zu wählen. Dies können entweder Präventiv- oder Korrektiv- Maßnahmen sein. Die Präventiv-Maßnahmen haben zum Ziel, das Risiko schon im Vorfeld auszuschalten. Korrektive Maßnahmen befassen sich hingegen vorwiegend mit der Schadensbegrenzung, um ein realisiertes Risiko so gering wie möglich zu halten.

> Eine Gefahr, die man kennt, ist keine Gefahr.
> Friedrich W. von Steuben

> Der Irrtum ist die tiefste Form der Erfahrung.
> Martin Kessel

> Der schlimmste Fehler in diesem Leben ist, ständig zu befürchten, dass man einen macht.
> Elbert Hubbard

> Ein kleiner Entschluss reift unverhofft, blitzschnell und ohne Erwägung, doch Dummheiten machen wir allzu oft nach reiflicher Überlegung.
> Oskar Blumenthal

Trotz guter Recherche und intensiver Analyse müssen die Risiken geschätzt werden. Diese Schätzung birgt immer einen gewissen Unsicherheitsfaktor.

Im einfachsten Fall und als Minimalanforderung wird angeraten, folgende Risiko- <u>Matrix</u> anzufertigen:

Risiko	Folge	Eintritts-wahrschein-lichkeit	Risiko-abhängigkeit	Risiko-prävention
z.B. Zu hohe Produktionskosten	Unrentabler Markteintritt	=mittel=	Entwicklung der Rohstoffkosten	Genaue Kalkulation
z.B. Parallel- Aktivität des Mitbewerb	Konkurrenz- und Preiskampf, Absatzproblem	=gering=	Möglicher Mitbewerbs-vorsprung	Sensibler Umgang mit- und Schutz der Idee; Ggf. Patentierung
…………				

Tab.: Risikomatrix

Grundsätzlich kann die oben dargestellte Matrix auch mit Benennung von Verantwortlichen, Maßnahmeplänen etc. ausgestattet werden.
Das Beispiel kann nur das minimale Risikomanagement darstellen.

Kanäle in der GFE

Das Partnering

Erfolgreiches GFE muss unabdingbar immer mit vereinten Kräften betrieben werden. Das umfasst mehr als nur Einvernehmlichkeit innerhalb des eigenen Unternehmens. Es ist nahezu zwingend Allianzen zu schließen, Kontakte aufzubauen und so genannte "Influencer" am Markt zu gewinnen. Lang währende Partnerschaften sind aber nur dann erreichbar, wenn beide Partner dauerhaft Vorteile aus dieser Partnerschaft generieren können (man spricht hier von der so genannten Win/ Win- Situation).

Grundsätzlich wird zwischen strategischen Allianzen und operativen Partnerschaften unterschieden.

Partnergewinnung ist Vertrieb. Es geht darum, Mehrwerte zu vermitteln, Eigen- Werbung zu betreiben und die Chance des Erstkontaktes zu nutzen. Selbst der bloße Versuch, Allianzen zu schmieden, ist wichtig. Wieso sollte man selbst Aufgaben übernehmen, die ein Partner besser oder preiswerter erledigen könnte?

> Ich arbeite nach dem Prinzip, dass man niemals etwas tun soll, was ein anderer für einen erledigen kann.
> John D. Rockefeller

Die Vorteile einer Partnerschaft liegen auf der Hand:

- Werkvertragliche, bezahlte Einbindung
  (Beispiel: Ein Fertighaushersteller für Öko-Häuser lässt wegen der speziellen Aufgabe die Solarpaneele von Spezialhandwerkern installieren und bezahlt diese dafür.)

- Gegenseitige Fürsprache am Markt
  (Beispiel: Der Hersteller von Waschmaschinen lobt den Waschmittelhersteller. Dieser erwähnt in seiner Werbung die besondere Güte der Waschmaschinen....)

- Komplementäre Verbindung von Produkten oder Dienstleistungen zwischen Herstellern (Beispiel: Ein Möbelhaus bewirbt seine Produkte und zugleich den vermeintlich besten Spediteur. Dieser revanchiert sich mit entsprechender Empfehlung.)
  Der Unterschied zur reinen Fürsprache liegt darin, dass ein Unternehmen einem komplementären Partner direkt Kunden zuführen kann.

- Austausch von Kundenkontakten
  Kundenkontakte werden komplementär und nicht öffentlich synchronisiert, z.B. für gezieltes Marketing. Branchengeflüster, Kundeninterna werden legal- aber offen ausgetauscht.

- Gegenseitige Marketingergänzung
  (Beispiel: Der Hersteller von Sportbooten bewirbt den Hersteller von Schwimmwesten mit seiner eigenen Werbung und umgekehrt.)

- Reselling- Partnerschaft
  Ein Partner, der reines Handelsgeschäft betreibt, verkauft die Produkte eines anderen Unternehmens. Hier geht es für das herstellende Unternehmen um die Nutzung eines weiteren Vertriebskanals und für das verkaufende Unternehmen um Handelsmarge.

- Technologiesharing
  Komplementäre Technologien werden angeglichen und damit Werbung gemacht.
  (Beispiel: XYZ- Auto fährt am besten mit ABC- Benzin.)

- Branchen- Hebel
  (Beispiel: Nur der Flug mit XYZ- Fluglinie verschafft günstige Konditionen in der ABC- Hotelkette.)

- Regionale/ Überregionale Kooperation
  (Beispiel: Ein Süddeutscher Hersteller für Mietautos wirbt gezielt für einen Autovermieter im Norden, dieser revanchiert sich dafür im Süden.)

- Load- Balancing
  Ein Unternehmen hat zuwenig Produktionskapazitäten. Ein anderes gleichartiges Unternehmen hilft temporär aus.

Win- Win

Eine Partnerschaft, in es nur einen Nutznießer/ Gewinner gibt, ist sehr schnell am Ende. Folgerichtig geht es natürlich darum, dem Partner bei der Realisierung seiner Vorteile zu helfen und diese Absicht auch klar darzustellen. Sollte es in Ausnahmesituationen einmal so ausgehen, dass ein Partner in einem Zeitraum wenige Vorteile hatte, so ist ihm die positive Perspektive zukunftsgerichtet aufzuzeigen.

> Diejenigen Kaufleute, die gut vorausplanen, erwerben große Reichtümer. Die anderen, die dazu nicht in der Lage sind, gehen Bankrott.
> Mayer Amschel Rothschild

Strategische Allianzen

Strategische Allianzen fordern Vertrauen, sind langfristig angelegt und haben festgelegte, in die Zukunft gerichtete Ziele. Diese Ziele bieten beiden Unternehmen Vorteile.

Die Charakteristika einer strategisch ausgelegten Partnerschaft:

- Es erfolgt ein Commitment (Zusicherung) auf Managementebene. Eine strategische Allianz ist immer auf unternehmensweite Kooperation ausgelegt.
  Die Zusammenarbeit ist öffentlich und als offensive Ansage an den Markt gedacht.

- Vereinbarungen in Form einer Kooperationsvereinbarung oder eines LOI (Letter of Intent), unterzeichnet von der Unternehmensspitze, stellen eine moralische Verpflichtung auf beiden Seiten dar und sind auf gemeinsam vereinbarte Ziele gerichtet.

- Über kauf- oder werkvertragliche Vereinbarungen hinausreichende Allianzen haben immer auch gemeinsames Entwicklungspotenzial. Im besten Falle sind dies ein gemeinsamer Marktauftritt, gemeinsame Werbung sowie gemeinsame öffentliche Projekte.

- Ein gemeinsames strategisches Geschäftsmodell und auch die Verzahnung von Geschäftsmodellen ist immer dann sinnvoll, wenn natürliche Synergien erreichbar sind (Beispiel: Ein internationaler Möbelhersteller kooperiert mit einer Spedition über Pauschalen zum Preisvorteil des Endkunden).

- Visionärer Zusammenschluss
  Diese Art der Kooperation ist i.d.R. eine Ansage an den Markt, jetzt richtig loszulegen. Adressat ist meist der Mitbewerb und die Kundenlandschaft, die durch die Entschlossenheit zweier Unternehmen beeinflusst werden soll.

- Koordination und Austausch von Patenten und Schutzrechten
  Hier geht es darum, dass sich ergänzende Unternehmen sich auch im Bereich von Lizenzen- und Patenten zum beiderseitigen Vorteil unter die Arme greifen.

Eine strategische Allianz kann im Falle eines Misslingens beiden Unternehmen Schaden zufügen. In der Außenwirkung und nicht zuletzt aufgrund umsonst getätigter Investitionen erweisen misslungene strategische Partnerschaften im schlechtesten Fall einen Bärendienst.

> Strategische Allianzen sind die Fortsetzung des Wettbewerbs mit anderen Mitteln, aber unveränderten Zielen.
> Hermann Simon

Operative Allianzen

Das Kennzeichen operativer Allianzen ist, dass diese vertraglich fixiert und keinerlei strategische Interessen bekundet werden. Die Differenzierung zwischen strategischen und operativen Allianzen ist nicht trennscharf, der Übergang ist fließend:

- Verträge besiegeln die Leistungen und Gegenleistungen
- Gegenseitige Übertragung von klaren Aufgaben
- Wenig visionäre Ziele, eher konkrete Absprachen
- Keine zwingende langfristige Bindung, lediglich zweckgebundene Vereinbarungen
- Kooperation auf ausführenden Ebenen oder mittlerem Management

Die operativen Allianzen entstehen zumeist automatisch (Prinzip Angebot und Nachfrage). Strategische Allianzen müssen dagegen geplant, bewertet und sehr gezielt angegangen werden. Strategische Partner zu gewinnen ist schwieriger als der Vertrieb im Endkundensegment: Die Mehrwerte müssen sehr genau vermittelt werden, strategische Zusagen nicht nur kurzfristig sondern auch langfristig eingehalten werden.

> Am Markt lernt man die Leute kennen.
> Deutsches Sprichwort

Bei der Partnerakquise und Allianzenbildung gilt es, einige Grundregeln zu beherzigen.

Flankierend hilfreich ist eine dementsprechende Checkliste:

Die Checkliste für Partnerakquise und Partnergespräche:

- Nicht zu viele Partner sollten ausgewählt werden (maximal 3 strategische Partner).

- Komplementäre Partnerschaften müssen möglich sein. Übermäßige Überschneidungen im Bereich der eigenen Produkte sind schwierig in einer Partnerschaft zu verargumentieren.

- Richtiger Zugang und Ansprache der Entscheider ist wichtig, d.h. man muss sehr früh mit „echten Verantwortlichen" sprechen. Die Ansprache auf Ebene der Basis ist sinnvoll, reicht aber zumeist nicht aus, um eine kontinuierlich erfolgreiche Partnerschaft zu erreichen.

- Ehrlichkeit in Zielen und Möglichkeiten sind erfolgskritisch. Leere Versprechungen und falsche Zugeständnisse töten eine Partnerschaft bereits bevor sie begonnen hat.

- Erfolgskontrolle auf Seiten beider Partner ist wichtig. (Bringt der Partner den erwarteten Mehrwert?)

- Beide Seiten sollten turnusmäßig Ihre erwarteten Vorteile aus der Partnerschaft reflektieren. Eine Partnerschaft ohne ausgewogen verteilte Vorteile bringt nichts. Eine einseitige Partnerschaft mit vielen Vorteilen, ohne dass der andere Partner profitiert, ist gleichermaßen alarmierend. Hier ist eine Fragestellung „Wie kann ich mich revanchieren?" maßgeblich.

- Eine Priorisierung der möglichen Partner ist sporadisch aber gezielt vorzunehmen, um einen Fehllenkung von Ressourcen zu vermeiden.

Die Ziele und Erwartungen an eine Partnerschaft sind individuell zu formulieren.

Partnereffekte

Im Verlauf einer Partnerschaft ergeben sich bestimmte Ergebnisse. Diese hängen vom eigenen sowie vom Verhalten des anderen Partners ab, sind erfolgskritisch und können durch bestimme Partnereffekte ausgelöst worden sein.

Der Komplementär-Effekt

Ein Katalysator bringt Prozesse in Gang. Eine Kooperation mit einem komplementären Partner kann ähnliche Wirkungen erzeugen. So können durch gemeinsamen Austausch neue Geschäftsideen entstehen.
Beispiel: Gesetzt den Fall, Fertigkeiten und Kompetenzen, die für einen Geschäftserfolg vorhanden sein müssen, waren in keinem der Partnerhäuser allein vorhanden. Zusammengenommen finden sich aber alle benötigten Kompetenzen aus beiden Häusern in Summe (z.B. ein Partner verfügt bereits über eine etablierte Vertriebsstruktur und über einen Kundenstamm, der andere liefert das neue Produkt).

Fazit: Nur zusammen können die Partner erfolgreich eine Idee umsetzen. Die Partnerschaft kann auch die Wahrnehmung anderer Marktteilnehmer positiv beeinflussen. Selbst Produkte, die einfach nur gut zusammenpassen, können in einer komplementären Partnerschaft erfolgreicher vermarktet werden (einfaches Beispiel hierfür: Hersteller von Schuhen, Schnürsenkeln und Schuhputzmittel arbeiten zusammen).

> Unsere Fehlschläge sind lehrreicher als unsere Erfolge.
> Henry Ford

Der Gummibandeffekt

Die Erwartungen beider Partner an eine Kooperation sind hoch, Ziele werden definiert und die Aufgaben klar verteilt. Obwohl eine enge Zusammenarbeit und der Fokus auf einer gemeinsamen Geschäftsidee in einer engen Kooperation der beiden Firmen bisher wenig im Vordergrund stand, kann die beiderseitige hohe Erwartungshaltung an die neue Partnerschaft das Engagement anstacheln und den gemeinsamen Erfolg begünstigen. Diese „Honeymoon"-Stimmung ist geeignet, partnerorientierte Entscheidungen zu treffen. Beide Partner begeistern sich gegenseitig in der gemeinsamen Idee. Dies führt zu einer euphorisierten und engagierten Partnerschaft von Anbeginn an.

> Nicht die Klügsten allein haben die besten Einfälle. Gute Einfälle sind Geschenke des Glückes.
> Gotthold Ephraim Lessing

Der Steigbügeleffekt

Ist ein Partner bereits in einem Markt erfolgreich kann ein anderer sich der Kontakte oder des Branchen- Know - hows dieses Partners bedienen, um eigene Produkte und Dienstleistungen in diesem Markt zu positionieren. Dazu muss er dem bereits erfolgreichen Partner Synergien verargumentieren oder zumindest glaubhaft machen. Auf diese Weise kann ein Partner im Sog eines anderen Partners (guter Name, Marktakzeptanz, Größe, wirtschaftliche Stabilität) in dessen Marktsegment „mitsegeln". Bei dieser Art von Partnerschaft sind die Vorteile allerdings im Zweifelsfall sehr ungleich verteilt. Ohne wechselseitige Mehrwerte wird es daher zwangsläufig zu Schwierigkeiten kommen.

> Zwischen Staaten gibt es keine Freundschaft, sondern nur Allianzen.
> Charles de Gaulle

Der Hängematteneffekt

Hier vereinbaren Partner eine bi- direktionale fruchtbare Zusammenarbeit. Es tritt jedoch der Fall ein, dass nur ein Partner die Partnerschaft ernst nimmt und sich entsprechend engagiert. Währenddessen wartet der andere Partner ab und hofft auf positive Effekte. Er bleibt so inaktiv und versucht die Partnerschaft- ohne eigenes Engagement- aufrecht zu erhalten. Diese Partnerschaft wird nicht nur scheitern, sondern zu einem dauerhaften Zerwürfnis führen.

Jede Art von Partnerschaft unterliegt seinen eigenen Gesetzen und Maßgaben und ist zumeist durch die Handlungsweisen und bestehenden Befindlichkeiten der handelnden Personen bestimmt. Die aufgeführten Beispiele sind daher exemplarisch zum Zwecke der Sensibilisierung im Bereich der Partnerakquise gedacht und erheben natürlich keinen Anspruch auf Vollständigkeit.

Der GFE- Verantwortliche ist somit ganz klar auch ein Beziehungsmanager. Kontaktpflege, aktives Networking, Verbandsarbeit und die Ansprache von Businessplattformen (z.B. im Internet "Xing.de") zählen in seinen Zuständigkeitsbereich.

Er ist somit auch verantwortlich für die Schaffung positiver Grundlagen erfolgreicher innerbetrieblicher Kommunikation und Zusammenarbeit, für das Verstehen und Lenken interner und externer Kundenbeziehungen, das Management von Partnerfirmen und im weiteren Sinne auch für die Gründung und Organisation eines eigenen Netzwerks. Keine Partnerschaft und kein Netzwerk kann effektiver für sich selbst genutzt werden, als eines, das man selbst gegründet hat.

Partnerschaften funktionieren am besten, wenn sofort gemeinsame Interessen identifiziert werden und diese zeitnah zu einer Verwirklichung der angedachten Kooperation führen können. Partnerbeziehungen, die über längere Zeit fruchtlos bleiben, führen nach einigen Monaten zur Enttäuschung, zur Verwerfung der gemeinsamen Ideen und schließlich zur Aufgabe der Partnerbeziehung.

Ein Rat:

Die Aufgabe und die Komplexität der Partnerakquise sollte nicht banalisiert werden. Am Ende treffen an der Schnittstelle Mensch nicht nur Menschen, sondern auch Organisation aufeinander. Die Art und Weise der Kommunikation in Unternehmen ist oft abweichend. Klare gemeinsame Ziele, offene Kommunikation, Ehrlichkeit, beiderseitig klar kommunizierte Vereinbarungen und jederzeit ein offener Umgang mit Unklarheiten sind überaus wichtig. Schlechter Informationsfluss und Vorkommnisse, die Misstrauen vermuten lassen, sind äußerst schädlich.

Ziele im Partnerumfeld, Next- Steps

In jeder Partnerschaft sind gemeinsame Ziele zu definieren. Hier sind Verantwortlichkeiten, das angepeilte Ergebnis wie auch die geplante Zeitachse festzulegen.
Diese Vorgaben dienen dazu, eine Partnerschaft über ein bloßes Lippenbekenntnis hinaus, nämlich konkret auch an Zielen messbar zu machen. Die nächsten vereinbarten, geplanten Schritte sollten jeweils von beiden Partnern turnusmäßig hinterfragt und überprüft werden.

> Es gehört oft mehr Mut dazu, seine Meinung zu ändern, als ihr treu zu bleiben.
> Friedrich Hebbel

> Das Umsetzungsproblem besteht meist nicht darin, dass man nicht weiß, was man tun müsste, sondern dass man es nicht tut.
> Hermann Simon

> Wenn wir wollen, dass alles bleibt, wie es ist, dann ist es nötig, dass sich alles verändert.
> Giuseppe Tomasi di Lampedusa

Die Rolle des Marketing in der GFE

Die Vorhaben der GFE sind (i.S.v. müssen) in der Regel mit übersichtlichen Marketing- Budgets zu realisieren. Diese Budgets gilt es jedoch gezielt wie dosiert in der richtigen Kombination einzusetzen.
In Vordergrund bei der Entscheidung über die zu treffende Marketingstrategie, steht die Kenntnis der begrenzten finanziellen Mittel. Besonders in Mittelstandunternehmen kann nicht sofort eine „Marketing-Breitseite" mit unendlichem Budget verschossen werden. Das „Herantasten" unter den Vorzeichen eines begrenzten Budgets sowie begrenzter „Bordmittel" steht im Vordergrund.

> Marketing ist leicht gesagt und schwer getan.
> Hermann Simon

Der Marketingplan im Bereich der GFE kann nach folgendem Phasenansatz konzipiert werden:

Abb.: Sukzessives und kostengünstiges Marketing durch Phasenmarketing: Es folgt daraus: Erst das virale Marketing, dann Guerilla-Methoden und schließlich der Einsatz eines Marketing-Mixes.

Virales Marketing

Virales Marketing (auch Viral- Marketing oder Virus- Marketing) ist eine Marketingform, die bereits bestehende Netzwerke ausnutzt, um Aufmerksamkeit auf Marken, Produkte oder Kampagnen zu lenken, indem Nachrichten sich epidemisch (ähnlich eines Virus) ausbreiten.[25] Die Verbreitung der Nachrichten basiert damit letztlich auf Mundpropaganda- also der Kommunikation zwischen den Kunden oder Konsumenten- wie natürlich auch derer von Geschäftspartnern. Dies bedeutet für den GFE-Ansatz die Möglichkeit, im kleinen eigenen Netzwerk, mit ersten Versuchen der Eigen- Werbung voranzukommen.

Virales Marketing bietet aber nicht nur Vorteile. Die meisten Ausprägungen des viralen Marketings sind sehr kostengünstig umzusetzen, es sind jedoch wenig Steuerungs-, Kontroll- wie auch Beeinflussungsmöglichkeiten gegeben. Die Effekte des viralen Marketing, deren Verbreitung und schließlich der Wirkung auf den Zielmarkt können nur unvollkommen nachvollzogen werden.

Vor allem das Internet bietet ein probates Mittel der viralen Verbreitung von Marketingbotschaften. Ein besonders bekanntes Beispiel ist das kostenlose Werbespiel Moorhuhn, welches dem Ursprung nach ein Marketing- Instrument der Firma „Johnnie Walker" war. Das Spiel konnte anfangs auf der Internetseite der Firma kostenlos heruntergeladen werden und wurde zu einem absoluten Hit im Internet.

Nach einem ähnlichen Prinzip funktionieren auch witzig aufgemachte Werbe- Postkarten, die in Kneipen und anderen öffentlichen Orten (z. B. Universitäten) über Kartenständer verteilt werden und dann mit der Werbebotschaft an andere Menschen weiter verbreitet werden. Das Kampagnengut dient hierbei als "Köder". Es sollte unterhaltsam, nützlich, neu, falls möglich kostenlos und/oder einzigartig sein. Nur wenn man den Menschen etwas anbietet, dessen Weiterverbreitung sich lohnt, wird die Kampagne erfolgreich sein.

---

[25] angelehnt an wikipedia.de Mai 2007

Die Übertragung von digitalen, viralen Botschaften geschieht auf folgende drei Arten:

- Tell-A-Friend-Funktionen: Ausfüllen von Formularen aus dem Web, die die Information der Seite als E-Mails an die Empfänger (Freunde) schickt ("Artikel als E-Mail senden"). In den zugestellten Informationen finden sich Weblinks. Diese Art des Marketings kann nur ein allererster Vorstoß sein.

- E-Mail: Die häufigste Verbreitungsart: Weiterleiten von E-Mails mit Witzen, Preisausschreiben, interessanten Bildern, Ton- und Videoclips oder auch ernst zu nehmenden Folien- und Produktpräsentationen.

- Virale Effekte über Weblogs. Wenn viele Weblogbetreiber eine virale Botschaft aufnehmen und verbreiten, kann es ebenso zu einer schnellen Verbreitung im Netz kommen.

> Nicht wollen ist der Grund, nicht können nur der Vorwand.
> Seneca

> Lieber Staub aufwirbeln als Staub ansetzen.
> Huber Burda

> Der große Erfolg ist oft nur ein glückliches Missverständnis.
> Darius Milhaud

Eine häufig angewandte Methode zum Auslösen viraler Effekte sind außerdem Unterschriftensammlungen, Quoren oder Wetten im Netz, die bestimmte Klickzahlen auf den beworbenen Internetseiten sicherstellen sollen. Insbesondere hinter Wetten stecken häufig klassische Werbeziele in Form von Bannerwerbung auf den entsprechenden Zielseiten. Bei manchen sich verbreitenden Inhalten handelt sich auch schlicht um die Maßnahmen Einzelner, die keine eigentlichen Marketingziele verfolgen.

Diese Art unkonventioneller Werbung bedient sich im Regelfall keiner Unterstützung klassischer Werbemedien und funktionierten mit minimalem finanziellen Aufwand. Dennoch erreichen sie einen z. T. ganz erstaunlichen Werbe- und Verbreitungseffekt. Man kann zudem die Konsumenten gegebenenfalls für die "Empfehlungsarbeit" belohnen (Beispiel: Gutscheine, Prämien oder Preisausschreiben) Die gesammelten Kontakte dürfen keinesfalls für unseriöse Massenmails (Spam) verwendet werden.

Virales Marketing im Bereich der GFE kann nicht immer auf die beispielhaft genannten Vorgehensweisen zurückgreifen. Es kann sich ebenso auch in einem ersten Schritt an Bestandskunden oder an Geschäftspartner wenden. Diese können mit neuen Produkten oder Dienstleistungen konfrontiert und beworben werden. Voraussetzung dafür ist, dass direkter Zugang zu diesem Kundenpotenzial gegeben ist (Anschrift, E- Mail- Adressen plus Erlaubnis der Kontaktaufnahme). Vorstellbar ist auch, neue Produkte oder Ideen auf der Hülle, der Verpackung oder einem Beipackzettel von etablierten Produkten zu bewerben. Virales Marketing heißt in diesem Fall, das eigene Kundennetzwerk ausnutzen. Auch bestehende Partnernetzwerke bieten sich für den Transport der ersten Marketingbotschaften an.

Jede Marketingmaßnahme, die auf bestehende Kontakte und ein existierendes Netzwerk zurückgreift und dabei auch den Multiplikatoreffekt nutzt, sollte als erste GFE- Maßnahme i.S.d. viralen Marketing kostengünstig genutzt werden.

> Man kann alles verkaufen, wenn es gerade in Mode ist. Das Problem besteht darin, es in Mode zu bringen.
> Ernest Dichter

> Was als glücklicher Zufall erscheint, beruht meist auf nüchterner Analyse und konsequentem Handeln.
> Hetty Green

Das Guerilla- Marketing

Guerilla- Marketing umschreibt die Wahl undogmatischer sowie ungewöhnlicher Aktionen im Marketing, die mit untypisch geringem Mitteleinsatz eine große Wirkung versprechen.

Im Bereich der GFE können die Ideen des Guerilla- Marketing durchaus angewendet werden, wenn sich diese als opportun anbieten. Keinesfalls sollte Guerilla- Marketing „auf- Teufel- komm-raus" erdacht und umgesetzt werden. Dies könnte unangemessen provokant, exotisch, unwirklich, kontraproduktiv oder peinlich wirken.

Die herausstechendste Eigenschaft des Guerilla- Marketing ist es, eine Werbe- und Verkaufsbotschaft unkonventionell zu präsentieren. Somit handelt es sich hauptsächlich um einen Vorgang kreativen Vertriebs. Solche Ideen sind in der Regel nur einmal umsetzbar und verbrauchen sich schnell.

> Erfolg hat nur, wer etwas tut, während er auf den Erfolg wartet.
> Thomas Alva Edison

Hierzu folgendes Beispiel:

Es wird ein Werbebrief mit einem aufgeklebten Gummiband versandt. Dies erweckt nach dem Öffnen des Briefes Aufmerksamkeit. Die Botschaft des Briefes könnte sein:
"Unser Service ist so flexibel und dehnbar wie dieses Gummiband!"

Mit einem sehr kleinen Etat wird das Medium oder der Absatzkanal gewählt, der jeweils günstig zu erhalten ist. Ungewöhnliche Methoden und Preismodelle, jenseits der Lehrbuchmethoden, sollen überproportionale Aufmerksamkeit und Erfolg sichern.

Weitere Beispiele finden sich etwa in Kooperationsgeschäften mit großen, lateral im Markt tätigen Unternehmen, dem Aufkauf von Rest-Werbesekunden in den Medien, dem Verfassen von Leserbriefen oder dem Abhalten von Podiumsdiskussionen sowie der Gründung von Interessensinitiativen mit dem Ziel, das eigene Angebot herauszustellen. Die Grenze zu kontroversen oder irreführenden Methoden ist dabei oft fließend.

Früher war Guerilla- Marketing eher ein probates Mittel für kleinere Unternehmen- oder man könnte auch sagen, der Kampf David gegen Goliath. Heute bedienen sich auch große internationale Konzerne dieser Methoden (Beispiel: Die provozierende Bennetton- Werbung der 1980er und 1990er Jahre).

Die Grundidee des Guerilla- Marketing, publiziert in den 90er Jahren von Jay Conrad Levinson in seinem Buch „Guerilla Marketing – Offensives Werben für kleine und mittlere Unternehmen", wurde mittlerweile immer weiter modifiziert. Grund hierfür war durch die gravierende Veränderung der Zielgruppen- und Medienlandschaft gegeben, die gänzlich neue Herausforderungen an die Guerilla-Strategie stellte.

Guerilla- Marketing sollte seiner Natur nach überraschend, effizient, rebellisch, ansteckend, unkonventionell und idealerweise spektakulär sein. Guerilla- Marketing- Aktionen sind oft einmalig, zeitlich begrenzt und selten wiederholbar. Diese Aktionen sollen den Raum des Gewohnten sprengen und einen „Aha-Effekt erzielen.

Guerilla- Marketing stellt dabei auf Einfachheit ab, soll den Menschen fesseln und die Bereitschaft zur Weitergabe der Botschaft fördern. Die Aktion soll leicht verständlich und unkompliziert sein. Daraus ergeben sich geringe Kosten und eine hohe Chance auf selbstständige Weiterverbreitung.

Ein Regelbruch, beide Aspekte betreffend, findet sich in der Aktion, die die Firma „Vodafone" initiierte: Während eines Länderspiels in Australien flitzte ein nackter Mann mit einem auf der Haut aufgemalten Vodafone-Logo über das Spielfeld des vollbesetzten Fußballstadions. Das Spiel musste unterbrochen werden, der Flitzer wurde medienwirksam verhaftet. Heutzutage ist Guerilla-Marketing nicht unumstritten, weil es häufig zu Tabubrüchen, sehr aggressiven, ironischen und nicht zuletzt den Wettbewerb lächerlich machenden Kampagnen geführt haben (Nacktheit, Enttabuisierung von Tod, Schadenfreude).

Für die Nutzung dieser Methode im Bereich der GFE gilt es, sich einen möglichst pfiffigen und dabei kostengünstigen Werbemix auszudenken (z.B. über die 635 Methode).

> Zufall ist ein Wort ohne Sinn; nichts kann ohne Ursachen existieren.
> Voltaire

> Der Dummkopf beschäftigt sich mit der Vergangenheit, der Narr mit der Zukunft, der Weise aber mit der Gegenwart.
> Nicolas Chamfort

Der Marketing- Mix

Eine professionelle und zu etablierende Marketingstrategie berücksichtigt alle Aspekte des Marketing- Mixes. Die Kombination einer neuen Produktidee, eine geschickte Preispolitik, der originellen Vermarktung sowie der Auswahl der richtigen Vertriebskanäle sind erfolgkritisch bei der Überführung einer GFE- Idee in einen wirtschaftlichen Erfolg.

Grund genug, die klassischen 4 Säulen eines erfolgreichen Marketing- Mixes anzusprechen.

1. Produktpolitik (Product)

Die Produkte respektive Dienstleistungen, die ein Unternehmen anbietet, stellen den Kern der gesamten Unternehmensaktivitäten dar und bilden die Basis jeden unternehmerischen Erfolgs. Die Produktpolitik ist die Summe aller Überlegungen, Entscheidungen und Handlungen, die in unmittelbarem Zusammenhang mit der Kombination und Variation der Eigenschaften des Produktes oder der Dienstleistung stehen. Hierzu zählen vor allem die Sortimentsplanung, Qualität und Service, Verpackung, Markierung und Produktgestaltung sowie produktbegleitende Dienstleistungen.

Zwei Aspekte sind für die Produktinnovationen von besonderer Bedeutung: Angebotsbreite und Angebotstiefe. Unternehmen, die ein breit gefächertes Angebot anbieten, werden auch als Generalisten bezeichnet. Die Angebotstiefe hingegen beschreibt die unterschiedlichen Arten und Variationen eines bestimmten Angebots. Unternehmen, die ihren Schwerpunkt auf ein tiefes Angebot gelegt haben, bezeichnet man im Allgemeinen als Spezialisten. Die mit einem sehr breiten Angebot agieren, finden sich schließlich unter dem Begriff der „Full- Service- Anbieter".

Für den Bereich der GFE ist die Position des neuen GFE- Ansatzes innerhalb der Produktpolitik
möglichst früh zu bestimmen. Die meisten GFE- Maßnahmen sollten aber tendenziell in Richtung Entwicklung zum Full- Service- Anbieter gedacht sein.

2. Kontrahierungspolitik (Price)

Unter die Kontrahierungspolitik (in der Praxis Konditionenpolitik genannt) fallen alle vertraglichen Konditionen, die im Zusammenhang mit einem Angebot stehen. Hierunter fallen z.B. Rabatte, Boni, Kredite sowie Lieferungs- und Zahlungsbedingungen. Genau genommen ist also die Preispolitik ein Teil der Kontrahierungspolitik. Da die Preispolitik das zentrale Element der Kontrahierungspolitik darstellt, wird im Allgemeinen von der Preis- und Kontrahierungspolitik gesprochen, um der besonderen Bedeutung der Preispolitik Rechnung zu tragen.

Die Preispolitik umfasst alle Entscheidungen, die Einfluss auf die Preishöhe sowie die Art und Weise der Preisfestlegung und -durchsetzung haben. Als zentraler Aspekt kann festgehalten werden, dass sich der Preis immer nach dem Markt richtet, der aus den Komponenten Anbieter, Nachfrager und Wettbewerber besteht. Allerdings sollten neben der unumgänglichen Orientierung am Markt auch die Kosten berücksichtigt werden, da Unternehmen darauf angewiesen sind, mit ihren Produkten und Leistungen Gewinn zu erzielen.[26]

> Wenn man etwas Neues hat, will niemand davon hören. Dann will es niemand glauben, man wird bekämpft und verlacht. Wenn es sich aber durchgesetzt hat, erscheint es allen trivial.
> Jonathan Swift

> Für Manager gilt die 10:8-Regel. Man trifft zehn Entscheidungen, acht sind richtig, zwei sind falsch.
> Matthias Beltz

---

[26] angelehnt an wikipedia.de Stand Mai 2007

Die zwei wesentlichen Gestaltungsmöglichkeiten für den Unternehmer bezüglich der Preispolitik sind zum einen das Preisniveau und zum anderen die Preisdifferenzierung. Inwieweit mit Preis- Promotion (Einführungspreise usw.) für GFE- relevante Maßnahmen und –Produkte gearbeitet werden kann, ist mit dem internen Controlling (Preiskalkulation) und dem Vertrieb („Wo liegt der „Winning-Price?") abzustimmen.

> Besser man wird im Preis als in der Ware betrogen.
> Balthasar Gracián

3. Kommunikationspolitik (Promotion)

Unter der Kommunikationspolitik versteht man Ziel- und Maßnahmenentscheidungen zur Gestaltung aller das Produkt betreffenden Informationen. Die wesentlichen Instrumente der Kommunikationspolitik sind Werbung, persönlicher Verkauf, Sponsoring, Messen, Events und Öffentlichkeitsarbeit (einschließlich der „Corporate Identity"). Bei GFE- Maßnahmen bestehen hier allerdings oft nur begrenzte Möglichkeiten.

> Damit das Mögliche entsteht, muss immer wieder das Unmögliche versucht werden.
> Hermann Hesse

4. Distributionspolitik (Place)

Unter der Distributionspolitik werden alle Entscheidungen und Handlungen des Unternehmens verstanden, die im Zusammenhang mit dem Weg eines Produktes vom Hersteller bis zum Endverbraucher getroffen werden. Die Möglichkeiten der Distributionspolitik sind vielfältig. Im Handel stellt sich die Frage, ob die Produkte in einer klassischen Verkaufsstätte verkauft werden oder ob die Ware direkt zum Kunden gebracht wird (wie z. B. bei Versandhäusern, die die Ware direkt zum Kunden nach Hause schicken). Auch der eigenverantwortliche Vertrieb durch autorisierte Vetriebspartner wie auch die Installation von factory-outlets ist ein wichtiger Distributionskanal. Die verschiedenen Möglichkeiten der Distribution schließen sich nicht zwangsläufig gegenseitig aus. Häufig bieten Unternehmen Kombinationen oder mehrere Möglichkeiten parallel an.

Folgende Fragen sind in diesem Zusammenhang von Relevanz:

- Sind Partner ein möglicher Vertriebskanal?
- Welche Zusatzkosten entstehen oder wie viel Margeneinbußen bedeutet das?
- Positioniert ein Weitervermarkter meine Produkte optimal?

Diese klassischen 4 Säulen des Marketing- Mixes sind jeweils für gewählte GFE- Maßnahme zu definieren und mittelfristig in einen Marketing- Mix- Plan für eine GFE- Maßnahme zu überführen.

Viele der in vorangegangenen Kapiteln angesprochenen Herausforderungen und Lösungsmöglichkeiten innerhalb von GFE- Maßnahmen finden Ihren Niederschlag in der Marketing- Mix- Planung und müssen dort hinreichend konkretisiert werden.

Der Business Plan

Die Konzeption eines neuen Geschäftsfeldes sollte zu einem frühen Zeitpunkt (allerspätestens kurz vor der Umsetzungsphase) schriftlich fixiert werden.

Der Markteintritt muss in einem festgelegten Umfeld- einem Zielkorridor mit festgelegten Ressourcen- bewältigt werden. Die wichtigsten Planungskomponenten sind neben den Ressourcen Budget und Marketingeinsatz auch die Ziele und Teilziele sowie die zur Verfügung stehenden Mitarbeiter. Vor dem Markteintritt sind die Dimensionen Produkte, Märkte, Kanäle und Kunden planerisch zu erfassen. Die oben stehenden Dimensionen müssen an einer zu definierenden Zeitachse ausgerichtet werden.

Die Planung einer GFE- Maßnahme sollte mit Teilzielen (sog. Milestones) versehen werden:

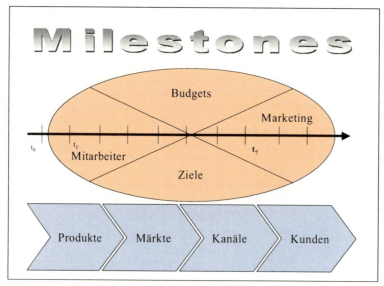

Abb.: Planungsrelevante Faktoren für die erfolgreiche Businessplanung

Die vier Dimensionen: Produkte, Märkte, Kanäle und Kunden, stehen in Bezug auf Ihre Preisgestaltung, Ihren Unique Selling Points und dem geforderten Deckungsbeitrag in engem Zusammenhang und müssen deshalb fein aufeinander abgestimmt, untersucht und beplant werden. Es gilt festzulegen, welche Produkte auf welchen Märkten über welche Vertriebskanäle an welchen Kundenkreis zu adressieren sind. Diese Planung solltet mit den bestehenden Ressourcen Zeit, Marketingmittel, Budgets, aber auch den konkreten Zielen abgestimmt sein.

Die typische Phasen im Aufbau eines neuen Geschäftsfeldes (Analysephase, Umsetzung etc.), die konkrete Entwicklung einer Markt- oder Produkteinführungsstrategie sowie die Festlegung der Preis-, Leistungs- und Kommunikationsstrategie sollte in einem Business- Plan festgehalten werden. Dieser Business- Plan kann zugleich Leitbild und Fahrplan für die Umsetzung und Entwicklung eines Geschäftsfeldes sein.

Ein Business- Plan ist **das** Konzept für alle geschäftlichen Aspekte eines neuen Projekts. Ein Projekt in diesem Sinne ist auch die Entwicklung eines Geschäftsfeldes. Dazu gehören die Geschäftsidee, ihre Umsetzung in die Realität, alle geschäftlichen Rahmenbedingungen und Abläufe und vor allem die finanziellen Auswirkungen und Notwendigkeiten. Diese Arbeitshilfe kann sowohl für eine komplett neu geplante GFE- Idee als auch nur für ein Projekt oder Teilprojekt eines Business- Planes erstellt werden.

> Das größte Risiko gehen jene Anleger ein, die nie das kleinste Risiko eingehen wollen.
> Carl Fürstenberg

> Es gibt nichts Gutes, außer man tut es.
> Erich Kästner

> Mein bei weitem größter Fehler war, nicht schneller vorzugehen. Ich hätte alles in der halben Zeit verändern sollen. Im Rückblick war ich zu ängstlich. Ich wollte zu viele Anhänger an Bord haben.
> Jack Welch

Allgemein gilt:

Ein Business- Plan ist ein Arbeitspapier, das alle Ziele und Strategien eines Unternehmens mit den grundsätzlichen Voraussetzungen, Vorhaben und Maßnahmen in einem bestimmten Zeitkorridor beinhaltet.

Dabei kommen dem Business- Plan mehrere Aufgaben zu. Zum einen dient er extern dazu, Vorgesetzte, Partner aber auch potentielle Geldgeber zu überzeugen. Zum anderen bildet er für den GFE-Verantwortlichen die Grundlage für weitere Strategie- und Planungskonzepte.

Der Business- Plan ist i.d.R. nicht statisch. Eher begleitet ein guter Businessplan das Unternehmen, denn er wird fortlaufend ergänzt und aktuell an die sich wandelnden Umstände angepasst. Der klassische Business- Plan wird damit zu einem ständigen Begleiter bei Fragen der Positionierung der Geschäftsstrategie, der Analyse der Umwelt und der Weiterentwicklung des Unternehmens.

> Es ist weitaus leichter über Veränderung zu reden und zu schreiben, als sie zu bewirken.
> Hermann Simon

Auch ein bereits bestehendes Unternehmen kann von einem Business- Plan profitieren. Viele Unternehmen werden immer noch nach „Gefühl" geleitet, daher fehlt oft eine klar erkennbare Strategie oder eine Vorgabe, an der sich der Erfolg messen lassen kann. Zudem führt ein Business- Plan zu mehr Transparenz hinsichtlich unternehmerischer Entscheidungen.

Auch bei der Beschaffung von Fremdkapital und Investoren ist ein Business- Plan für eine bereits bestehende Unternehmung notwendig, da immer mehr Investoren und Kapitalgeber die Vorlage eines solchen verlangen (vgl. Ausführungen im Kontext Basel II).

Folgende Inhalte sollten in einem Business-Plan zwingend enthalten sein:

- Executive Summary
  (Eine prägnante Zusammenfassung des Entwicklungs- oder Geschäftsvorhabens)

- Knackige Mehrwertargumentationen

- Ressourcenbedarf (mindestens zu Personalbedarf, Marketingbudget) Aufgabenverteilung (Wer macht wann was?)

- Um welche Produkte geht es, welchen Zielmarkt gehen wir an, welchen Distributionskanal wählt man?

- Welche flankierenden Maßnahmen bzgl. Marketing und Öffentlichkeitsarbeit gibt es?

- Milestone- Betrachtung (Bis wann wollen wir was erreichen ?)

- Finanzierungsplan (Wie wird das Vorhaben finanziert? Gibt es Budgets, Kapitalgeber?)

- Welche Risiken gibt es?

Die "Executive Summary" (auch "Statement of Purpose" oder "Mission Statement" genannt) ist genau der richtige Ort, um den Leser erstmals mit der eigenen Begeisterung anzustecken. Denn sie steht als Zusammenfassung — ausnahmsweise — am Anfang und wird zuerst gelesen. Die Executive Summary — man kann diesen englischen Begriff ohne weiteres auch in Deutschland verwenden — soll dem Leser einen kurzen und konzentrierten Überblick darüber geben, was man eigentlich vorhat, was der besondere Pfiff der Geschäftsidee ist, warum die Kunden darauf warten, was das eigene von den Produkten der Konkurrenz unterscheidet und welcher Umsatz und Gewinn sich damit voraussichtlich innerhalb der nächsten drei bis fünf Jahre erzielen lässt.

Auch wenn einen der Business- Plan als Neugeschäftler zwingt, nüchtern mit den Realitäten des Marktes und den Zahlen umzugehen, so sollten seine Leser doch merken, dass dahinter das Herz eines begeisterten, von seiner Idee überzeugten und unternehmungslustigen GFE-Verantwortlichen schlägt.

Die Betonung innerhalb der Management- Summary liegt auf "kurz und konzentriert". Der berühmte Fond- Manager Peter Lynch drückte es einmal so aus: "Man sollte in der Lage sein, sein Geschäftsvorhaben einem 16- Jährigen innerhalb von zwei Minuten erklären zu können."

> Die Bank leiht Ihnen Geld, wenn Sie beweisen können, dass Sie es nicht brauchen.
> Mark Twain

> Wer keine Ausdauer hat bei Kleinigkeiten, dem misslingt der große Plan.
> Chinesische Weisheit

> Das Gute ist zweimal so gut, wenn es kurz ist.
> Balthasar Gracián

Durch einen Businessplan wird man gezwungen Ordnung, in die eigenen, manchmal noch ziemlich unausgereiften Gedanken zu bringen. Denn eine Geschäftsidee haben viele. Doch was bleibt davon übrig, wenn man alles in ein schlüssiges, plausibles und wirklichkeitsnahes Konzept überführen muss, wenn es nicht mehr allein darum geht, anderen von einer tollen Idee vor zu schwärmen, sondern man plötzlich über die realen Marktgegebenheiten und die Konkurrenz nachdenken muss und vor allem, wenn man mit spitzem Bleistift die möglichen Einnahmen und Ausgaben nachrechnet?[27]

Keine Frage, die Erstellung eines fundierten Business- Planes kann sehr heilsam sein. So mancher hat dabei nämlich schon festgestellt, dass die Sackgasse sehr nah war. Doch das sollte einem als GFE- Verantwortlichen nicht grundsätzlich den Schwung nehmen.

---

[27] nach www.wisu.de/entrepreneur

Die größte Schwachstelle eines Business- Plans bildet meist der Abschnitt "Marketing". Der Grund ist hierin zu suchen, dass zu viele Neugeschäftler keine fundierte Marktanalyse durchführen. Die nicht erkannte Gefahr liegt dann darin, dass die Branche nicht oder nicht richtig ausgelotet wurde oder der genaue Überblick über die Verbrauchergewohnheiten bzw. die Konkurrenzsituation fehlt. Häufig wird auch der potenzielle und prognostizierte Kundenkreis völlig überschätzt. Damit wird bereits deutlich: Eine gute Marktanalyse macht Mühe und erfordert einige Recherchen. Selbst wenn diese nur in begrenztem Umfang zur Prüfung der Sinnhaftigkeit einer GFE- Maßnahme durchgeführt wird.

Zu einer fundierten Marktanalyse gehören auch Informationen darüber, welche Preise für das geplante Produkt oder den geplanten Service verlangt werden können. Auch hier gibt es zu viele Schwächen in erstellten Business- Plänen, da die Preisgestaltung selten realistisch angesetzt wird - obwohl hiervon oft der Erfolg des ganzen GFE- Ansatzes abhängt! Wer beispielsweise sein Produkt gleich von Anfang an hart in den Markt pushen möchte und deshalb knappe Abgabepreise ansetzt, arbeitet oft mit solch einer geringen Gewinnmarge, dass bei unvorhergesehenen Kosten wie z.B. im Ausland geltenden Steuerbedingungen schnell die Rentabilität des gesamten Unternehmens gefährdet ist.

Dies gilt auch bezüglich der Werbung, deren Wirksamkeit und deren Kosten. Es fehlen die klaren Vorstellungen. Wer sein Produkt mit einer umfangreichen Anzeigenkampagne bekannt machen möchte, signalisiert nur, dass er wahrscheinlich nicht weiß, wie viel Geld das verschlingt.

> Courage ist gut, aber Ausdauer ist besser. Ausdauer, das ist die Hauptsache.
> — Theodor Fontane

> Wenn man einen falschen Weg einschlägt, verirrt man sich umso mehr, je schneller man geht.
> — Denis Diderot

> Der beste Beweis für Geist und Wissen ist Klarheit.
> — Petrarca

Nachfolgend ist auf wenigen Seiten ein Formular für eine mögliche Business- Planung dargestellt. Solche Planungen können für GFE-Maßnahmen ebenso wie für Kooperationsansätze erstellt werden.

> **Business Plan zur GFE-Massnahme xyz**
> *(alternativ: Kooperationsvereinbarung)*
> Autor:
> Erstellungsdatum:
> Zuletzt geändert:
> Version: 1.0

Änderungshistorie

Wer	Wann	Version	Was wurde geändert
V.Wehmeier	22.April	1.0	Initialerstellung

Genehmiger

Name	Position	Datum

Management-Pate: H.Müller
Gültigkeit: bis Ende 2008
Update-Zyklus: quartalsweise
Nächste Vorlage bei der GF:: 01.Juni

GFE-Beteiligte

Name	Rolle in der GFE	Datum der Einbindung

Management Summary

Hier stehen
- die wesentlichen Ziele
- die Ausgangssituation
- Infos rund um die Geschäftsidee

Hier wird der grundsätzliche Ansatz der GFE Maßnahme beschrieben:

Überblick	
Beschreiben Sie die Ziele der identifizierten GFE- Maßnahme (z.B. Umsatz, Marktanteil, Wachstum).	**Langfristig**: **Mittelfristig**: **Für das laufende Kalenderjahr**:
Geben Sie einen <u>groben</u> Abriss über das GFE- Umfeld (Mitbewerber, Beteiligte etc.): Wie ist die <u>aktuelle Situation</u>, was geschah in der <u>Vergangenheit</u>? Was sind die wichtige Erfolgsfaktoren und <u>Meilensteine</u> auf dem Weg zur Zielerreichung (z.B. Erfolge, Events, erfolgreiche Partnerrekrutierung, Referenzprojekte...).	
Kommt der Partnerkooperation eine strategische Bedeutung zu?	

Leitfaden zu Business Development und Neugeschäft

Erfolgsmessung

Definieren Sie, ab wann die identifizierte GFE- Maßnahme als „Erfolg" gelten soll.	
Bis zu welchem Stichtag kann mit der Erreichung der GFE- Ziele gerechnet werden?	
Was wären Gründe die GFE- Maßnahme zu stoppen?	
Benennen Sie 3 wichtige Kennzahlen zur Erfolgsmessung:	

Markt

Definieren Sie bitte den adressierbaren Markt dieser GFE- Maßnahmen (Branchen, Zielkunden, Segmente).	
Gibt es Anzeichen für Strömungen und Trends in diesem Markt?	
Wie stellt sich unsere aktuelle Marktposition im Bereich der GFE- Idee dar?	
Welches ist die angestrebte Marktposition nach der erfolgreichen Umsetzung der GFE- Maßnahme.	

Mehrwertargumentation

Was sind unsere „USPs", was ist die Kaufmotivation bei typischen Kunden, welchen Nutzen hat unsere Idee, Produkt...,...	
Wie sieht unsere Mehrwertargumentation aus?	
Wie hoch ist die Qualität und der Reifegrad der Produkte innerhalb der GFE- Maßnahme?	

Wettbewerb und Marktposition

Wer stellt bezüglich der GFE- Maßnahme den Wettbewerb dar?	
Wie verhält sich dieser Wettbewerb am Markt, und welche Produkte/ Dienstleistungen und Lösungen bietet er an?	
Wodurch differenzieren wir uns aus Sicht des Marktes von diesem Wettbewerb?	
Was hat unser Haus für eine Markenwahrnehmung im Bereich der GFE- Maßnahme?	
Wie verändert sich die Markenwahrnehmung durch die Umsetzung der GFE- Maßnahme? Was ist unser Ziel?	

Go-To-Market

Welche Schritte werden ergriffen, um mit der identifizierten GFE- Maßnahme am Markt erfolgreich zu sein?	
Welcher Vertriebs- Mix ist möglich und welchen streben wir an?	
Welcher Marketing- Mix ist möglich und welchen streben wir an?	
Sind wir bereits in der Lage ein Projekt von der Akquise bis zum Betrieb erfolgreich umzusetzen? (Ressourcen: Vertrieb, Produktion, Consulting, Partner,...) Wenn nein, was fehlt?	
Gibt es bereits marktgerechte unterstützende Maßnahmen und Materialien für diese Partnerkooperation? (technisch und/oder vertrieblich)	
Welche Risiken gibt es?	
Welche Managementunterstützung benötige ich?	

Leitfaden zu Business Development und Neugeschäft

Bedarf an Mitarbeitern innerhalb der Maßnahme

Funktion	Notwendige Kenntnisse	Notwendige Anzahl Mitarbeiter	Wozu wird die Ressource benötigt?	Aus Bereich

SWOT- Analyse des Unternehmens (Stärken/ Schwächen)

Welche einzigartigen Stärken besitzen wir im Bereich der GFE- Maßnahme?	Aus der Fremd- Sicht: Aus unserer Sicht:
Welche Schwächen stehen unserem Erfolg im Weg?	
Welche Chancen eröffnen sich durch die GFE- Maßnahme?	
Was bedroht eine erfolgreiche Umsetzung?	
Welche Möglichkeiten gibt es, um die Stärken sichtbar zu machen und die Schwächen/ Bedrohungen zu eliminieren?	

Investitionsplan

Events, Marketing- Maßnahmen, Anschaffungen, externe Berater...

Maßnahme	Ziel	Kosten	Wer ist verantwortlich

Break-Even- Betrachtung

	2008	2009	2010	2011
Geplanter Fall				
Geplante Erträge	200.000	400.000	1.000.000	5.000.000
Geplante Kosten (kein Personaleinsatz)	500.000	450.000	300.000	200.000
Geplante Amortisation: (Erträge>Kosten)			X	
Bester Fall				
Geplante Erträge	200.000	600.000	1.000.000	5.000.000
Geplante Kosten (kein Personaleinsatz)	500.000	450.000	300.000	200.000
Geplante Amortisation: (Erträge>Kosten)		X		
Schlimmster Fall				
Geplante Erträge	200.000	300.000	350.000	400.000
Geplante Kosten (kein Personaleinsatz)	500.000	450.000	400.000	350.000
Geplante Amortisation: (Erträge>Kosten)				X

Business Rules

Für eine reibungslose Zusammenarbeit und eine vertrauensvolle Kommunikation
wird folgendes vereinbart:

- ➢ Projektfortschritte, Probleme werden allen Beteiligten offen kommuniziert
- ➢ Risiken werden gemeinsam eingeschätzt und bewertet
- ➢ Es gibt ein für alle einsehbares Reporting
- ➢ Der Betriebsrat wird vierteljährlich informiert

Kommunikationsplan

Bitte beschreiben Sie, welche Kommunikation **intern** sichergestellt werden muss. Wer stellt diese Kommunikation sicher?	Was? An Wen? Wann? Wer? Wie? Verantwortlich:

Meilensteine

Meilenstein	Was	Wer	Wie	Wann	Verantwortlich	Konsequenz bei Nichterreichen

Schlusswort

_____
_____
_____
_____
_____

Wie für alle Hinweise in diesem Buch gilt: Jedes Unternehmen benötigt ein eigens zu entwickelndes Vorgehen. So benötigt auch jedes Unternehmen einen eigenen Business- Plan.

Die methodische Rückschau

Die methodische Rückschau dient der regelmäßigen Kontrolle bei der Einhaltung des GFE-Zielkorridors. Die Rückschau sollte ebenso unter Einbeziehung des GFE- Rates erfolgen.

Zu kontrollieren sind in regelmäßigen Abständen je nach Gesamtplanungshorizont monatlich oder vierteljährlich folgende Eckpunkte:

- Wurden die monetären Ziele (Umsatz und Margen) bis zum jetzigen Zeitpunkt erreicht?
- Welche unvorhersehbaren Probleme sind aufgetaucht?
- Ist der Ressourcenverbrauch (Budget, Personal) im Plan?
- Ist die in die Zukunft gerichtete Zeitplanung noch realistisch?
- Sind die Ziele noch realistisch erreichbar?
- Sind Annahmen wie geplant eingetreten?

Anhand der methodischen Rückschau können Zielabweichungen, Budgetabweichungen oder auch Fehlplanungen und Fehlannahmen aufgedeckt werden. Die methodische Rückschau muss genau diese Aspekte dokumentieren und die Erkenntnisse für Kurskorrekturen oder eben die Notbremse nutzen.

> Ich hatte dies erwartet, doch nicht so bald.
> Inschrift auf einem Grabstein

> Es ist von großem Vorteil, die Fehler, aus denen man etwas lernen kann, so früh wie möglich zu machen.
> Winston Churchill

> Es gibt für alles zwei Zeitpunkte, den richtigen und den verpassten.
> Sten Nadolny

Das GFE- Spiel

Geschäftsfeldentwicklung hat sehr viel mit Kreativität und Teamleistung zu tun. Kreativität in Strukturen und verwertbare Ergebnisse zu überführen ist für das Neugeschäft eine viel versprechende Vorgehensweise. Das nachfolgend beschriebene GFE- Spiel ist geeignet, um intensiven Gedankenaustausch in der Gruppe zu fördern.

Der Teilnehmerkreis ist hierbei unerheblich. Das Spiel kann beispielsweise bei der Initialisierung des GFE- Rates als Akzeptanzmaßnahme oder zur allgemeinen Ideenanregung genutzt werden.

Jeder Teilnehmer sollte während des ganzen Spielverlaufes mitmemorieren.

In Wirklichkeit handelt es sich natürlich nicht um ein bloßes Spiel, sondern um eine Kreativitätstechnik zum Neugeschäft und zur Reflektion der Stärken und Schwächen eines Unternehmens. Hierbei wird jedoch allein auf die Innensicht, d.h. auf das Empfinden der Mitarbeiter abgestellt.

<u>Folgende Spielregeln sind zu beachten:</u>

- Teilnehmerzahl zwischen: 4-15 Mitarbeiter des Unternehmens
- Dauer des Spiels: 2-4 Stunden
- Keine Sanktionen wegen frei (nicht beleidigend) geäußerter Meinungen
- Gleichberechtigung innerhalb der Teilnehmer unabhängig der Positionen

Spielverlauf:

Die Pro- Phase:

- Die Aussagen, wie sie in der untenstehenden Tabelle aufgeführt sind, werden in einzelne Spielkarten zerschnitten und bei Bedarf 1x gefaltet. Die Kärtchen werden gemischt.
- Jeweils 3 der gefalteten Kärtchen werden von je einem Teilnehmer aus einem geeignetem Gefäß oder einem Stapel gezogen.
- Alle Teilnehmer haben am Ende 3 Kärtchen.
  (Es ist erlaubt, dass der Spielleiter vorher die Menge an Karten auf die Anzahl der Teilnehmer x 3 anpasst. Bei sehr vielen Teilnehmern müssen weitere Kärtchen erstellt werden oder aber die Zahl der Karten je Teilnehmer auf 2 limitiert werden.)
- Jeder Teilnehmer erhält pro Kärtchen 5 Minuten Zeit (bei 3 Karten also 15 Min Vorbereitung), eine geeignete Argumentation zu entwickeln, wieso die auf dem Kärtchen behauptete Aussage **unzweifelhaft und richtig**
  ist. Argumente *gegen* die dort befindliche Aussage sind nicht erwünscht.
  Eigene Gegenargumente sind ebenfalls nicht erwünscht. Die Argumentation muss zudem nicht die eigene wirkliche Meinung widerspiegeln.
  Wenn alle Teilnehmer mit der Vorbereitung fertig sind, beginnt die eigentliche Pro-Phase.
- Reihum (Teilnehmer verbleiben auf Ihren Plätzen) liest jeder Teilnehmer seine 3 Kärtchen vor. Nach jedem Vorlesen eines Kärtchens hat er 1 Minute Zeit, um seine Argumente **für** die Behauptung auf der Karte mündlich und möglichst überzeugend darzulegen.
- Dies wird für jeden Teilnehmer wiederholt.
- Am Ende dieses Durchganges (und einer Pause) werden die Kärtchen eingesammelt und neu gemischt.

Die Contra- Phase:

- Wieder werden die Karten nach einem Zufallsprinzip verteilt. Jeder Teilnehmer erhält 3 Karten. Es ist unerheblich, wenn jemand eine "alte" Karte zurückerhält.
- In dieser 2. Phase des Spiels erhält jeder Teilnehmer pro Kärtchen wiederum 5 Minuten Zeit, eine geeignete Argumentation dahingehend zu entwickeln, wieso die auf dem Kärtchen behauptete Aussage
    keinesfalls unzweifelhaft und richtig, sondern falsch ist.
    Argumente *für* die auf dem Kärtchen befindliche Aussage sind nicht erwünscht.
    Eigene befürwortende Argumente sind ebenso nicht erwünscht
- Reihum (Teilnehmer verbleiben auf Ihren Plätzen) liest jeder Teilnehmer seine 3 Kärtchen vor. Nach jedem Vorlesen eines Kärtchens hat er 1 Minute Zeit, um seine Argumente **gegen** die Behauptung auf der Karte mündlich zu präsentieren.
- Dies wird für jeden Teilnehmer wiederholt.
- Am Ende dieses Durchganges (und einer Pause) werden die Kärtchen eingesammelt und neu gemischt.

Die Vermittlungs- Phase:

- Ein 3. Mal werden die Karten nach einem Zufallsprinzip verteilt. Jeder Teilnehmer erhält 3 Karten. Es ist unerheblich wenn jemand eine "alte" Karte zurückerhält.
- In dieser 3. Phase des Spiels erhält jeder Teilnehmer pro Kärtchen wiederum 5 Minuten Zeit, eine geeignete Argumentation zu entwickeln, wieso die auf dem Kärtchen behauptete Aussage
    sowohl als auch richtig und falsch ist.
    Es gilt die in den vorherigen Runden genannten Argumente gegeneinander abzuwägen.
    Möglichst sollten mit wenigen Sätzen Möglichkeiten des Interessenausgleichs beschrieben werden oder aber Vorschläge und Maßnahmen beschrieben werden, die zu einer positiven Lösung führen.
- Reihum (Teilnehmer verbleiben auf Ihren Plätzen) liest jeder Teilnehmer seine 3 Kärtchen vor. Nach jedem Vorlesen eines Kärtchens hat er 1 Minute Zeit, um seine Argumente **für eine Lösung der widerstreitenden Interessen** im Hinblick auf den Inhalt der gezogenen Karte darzulegen.

Die Ergebnisse der letzten Runde sollten protokolliert werden.

Im besten Fall ergeben sich verwertbare Impulse und Ansätze für ein Vorgehen im Neugeschäft.

Regelmäßig werden aber im Anschluss an diesen Workshop alle Teilnehmer überzeugt sein, dass die GFE eine wichtige zukunftsichernde Maßnahme ist um Struktur und Nachhaltigkeit im Neugeschäft sicher zu stellen.

Spielkärtchen ✂

Unser Unternehmen ist stabil	Innovation ist in unserem Unternehmen eine feste Größe
Wir stehen nicht im Verdrängungswettbewerb	GFE gehört zum Selbstverständnis eines innovativen Unternehmens
Unser derzeitiges Marktpotenzial und Kundenpotenzial ist attraktiv	Unsere Unternehmensinnovationen bieten unseren Kunden derzeit maximalen Nutzen
Unsere Unternehmensinnovationen passen zum Selbstbild des Unternehmens	Wir nutzen alle denkbaren Produkterweiterung, die einen Wettbewerbsvorsprung bewirken könnten
Unser Know-how wird konsequent auch für andere unternehmerisch sinnvolle Zwecke eingesetzt	Wir bedienen auch Nischenmärkte mit unserem Unternehmen
Wir nutzen vorhersehbare Technologieschübe und daraus resultierende Produktinnovationen	Wir interessieren auch stetig neue Zielgruppen für unsere Produkte
Produkte müssen leicht zugänglich sein, wie bei uns	Das eBusiness oder Web-Technologie bietet für uns Entwicklungs- und Erweiterungspotenzial
Ich kann mein Geschäftsmodell mit dem Internet verbessern	Unser Unternehmen unterliegt keinem Preisdruck
Internationalisierung ist keine Gefahr	Unser Unternehmensprofil muss innovativer werden
Unsere Produkte sind so wie sie sind noch viele Jahre marktfähig	Wir haben eine hohe Spezialisierung in den Produkten
Innovation wird in unserem Unternehmen groß geschrieben	Produkterweiterung sind bei uns im Konzept
Komplementäre Angebote sind bei uns strategisch wichtig	Neue Zielgruppen erschließen wir wo immer es geht
Zu unseren Produkten gibt es keine Zugangsschwellen	Auslandsorientierung ist bei uns wichtig
Internet Nutzung ist bei uns Bestandteil des Unternehmenserfolges	Wettbewerbsvorteile bauen wir konsequent aus
Die Mehrwerte unserer Produkte kennen die Kunden im vollen Masse	Die Potenziale unseres Unternehmens schöpfen wir voll aus
Unser Marketing ist neugeschäftsorientiert	Forschung und Entwicklung in unserem Hause ist auf Innovation ausgerichtet
Zuständigkeiten im Neugeschäft sind bei uns klar geregelt	Wir sind national in allen Interessenverbänden vertreten
Wir haben eindeutige Ziele im Neugeschäft definiert	Ideen der Mitarbeiter werden bei uns gewürdigt
Stärken und Schwächen unsere Hauses sind bekannt und werden offensiv angegangen	Ideen der Mitarbeiter werden im Hause sehr ernst genommen
Wir haben leistungsfähige Geschäftspartner, bessere gibt es nicht	Ich bin über Ziele und Strategien im Unternehmen bestens informiert
Wir kennen die Stärken und Schwächen des Mitbewerbs	Wir werden mittelfristig noch erfolgreicher sein

Das GFE- Forum

Da kein Buch eines Autors gleichzeitig

- tagesaktuell
- allumfassend
- fehlerlos
- praxisnah
- branchenbezogen

sein kann, gibt es für die Leser im Kontext dieses Buches ein entsprechendes Austauschforum.

Unter der vom Autor initiierten Plattform:

www.geschaeftsfeldentwicklung.de

können sich alle Interessierten in einem Forum austauschen, gemeinsam Ideen entwickeln, Anregungen geben und Methoden besprechen, aber insbesondere auch Bezüge zur Praxis zum Besten geben und eigene Erfahrungen publizieren.
Und zwar

- branchenbezogen,
- mit der Möglichkeit Kontakte zu schließen
- kollaborativ und interaktiv

Die Gliederung des Forums entspricht im Wesentlichen der dieses Buches. Der Zutritt zum Forum ist im Rahmen der Basisfunktionalität kostenlos, erfordert jedoch eine Registrierung des Benutzers.

Ihre Kommentare, Anregungen und Verbesserungsvorschläge sind hier willkommen.

> Eilen hilft nicht. Zur rechten Zeit aufzubrechen, ist die Hauptsache.
> Jean de La Fontaine

Schlusswort

Vielen Dank für das Lesen dieses Buches.

Das Thema Geschäftsfeldentwicklung, Business Development und Neugeschäft ist lebendig und stetig Veränderungen unterworfen. Dieses Buch hat keinen Anspruch auf Vollständigkeit.

Es gäbe noch eine Reihe von Themen, die es wert wären, in diesem Buch erwähnt zu werden. Portfolio-Optimierung, Neugeschäfts-Controlling, Einflüsse der Globalisierung u.v.m. hätten ebenso Eingang in das Inhaltsverzeichnis finden können. Aber Bücher können auch in zweiter oder dritter Auflage erscheinen. Neu-Auflagen sollen vollständiger und besser als die vorhergehenden sein. Um das möglich zu machen, benötigt der Autor Anregungen, Feedback und auch Kritik.

Hierzu sind Sie aufgefordert und herzlich eingeladen.

Ihr Volker Wehmeier

Platz für Notizen: